Theologie der Zukunft

Theologie der Zukunft

Eugen Biser
im Gespräch mit Richard Heinzmann

3. Auflage

Einbandgestaltung: Peter Lohse, Büttelborn.
Einbandabbildung: Porträtfoto Prof. Biser und Prof. Heinzmann
(Aufnahme Studio Siegbert Heuser, München, 2005).

Die Deutsche Nationalbibliothek verzeichnet diese Publikation
in der Deutschen Nationalbibliografie;
detaillierte bibliografische Daten sind im Internet über
http://dnb.d-nb.de abrufbar.

3., unveränderte Auflage 2010

Die Herausgabe des Werkes wurde durch
die Vereinsmitglieder der WBG ermöglicht.
Gedruckt auf säurefreiem und alterungsbeständigem Papier
Printed in Germany

Besuchen Sie uns im Internet: www.wbg-wissenverbindet.de

ISBN 978-3-534-23499-8

Den Freunden, Gönnern und Förderern
der Eugen Biser-Stiftung
in Dankbarkeit

Inhalt

Teil 1

Teil 2

Teil 3

Vorwort

Die Eugen Biser-Stiftung freut sich, in Zusammenarbeit mit der Wissenschaftlichen Buchgesellschaft das vorliegende Buch „Theologie der Zukunft" präsentieren zu können. Das Buch entstand aus der gleichnamigen Fernsehserie, die bereits wiederholt auf dem Bildungskanal des Bayerischen Rundfunks, auf BR-alpha, ausgestrahlt wurde. Die Serie findet auch als Videoedition großen Anklang. Wegen der lebhaften Nachfrage erscheint der Dialog zwischen Eugen Biser und Richard Heinzmann, in dem der ganze Reichtum der „Theologie der Zukunft" entfaltet wird, nun auch in gedruckter Form.

Unter den profilierten Theologen des ausgehenden 20. und beginnenden 21. Jahrhunderts kommt Eugen Biser eine Sonderstellung zu. Er hat, in Philosophie und Theologie promoviert, als Fundamentaltheologe seine wissenschaftliche Laufbahn begonnen. Darüber hinaus hat er sich in allen zentralen Bereichen der Theologie hohe Kompetenzen erworben. Mit der Berufung auf den Romano-Guardini-Lehrstuhl für Christliche Weltanschauung und Religionsphilosophie an der Ludwig-Maximilians-Universität München verließ er nicht nur die Geschlossenheit einer theologischen Fakultät, sondern auch den klassischen Fächerkanon der theologischen Disziplinen. Die dadurch gewonnene Freiheit von der Bindung an ein bestimmtes Fach und den damit gegebenen Verpflichtungen, die nicht selten zu einer Blickverengung führten, erlaubte es Biser, künftig seine ungeteilte Aufmerksamkeit und Arbeitskraft der ursprünglichen Wirklichkeit des Christentums zuzuwenden. Dieses umfassende Bemühen verhalf ihm dazu, die Mitte und den Identitätsgrund des Christentums neu zu entdecken und Christsein aus dieser Wurzel heraus neu zu verstehen. Besondere Beachtung ist dabei der Tatsache zu schenken, daß Eugen Biser trotz seines hohen wissenschaftlichen Anspruchs Theologie nicht um der Wissenschaft willen betreibt. Theologie als Selbstzweck hat nach seiner Überzeugung weder Sinn noch Berechtigung. So, wie sich Gott in Jesus Christus dem Menschen zuwendet, so muß auch jede Reflexion auf dieses Ereignis den Menschen als den Adressaten der Offenbarung in das Nachdenken miteinbeziehen. Theologie muß also, wenn sie nicht ins Leere laufen soll, Verkündigung sein. Solche verkündigende Theologie bzw. theologische

Verkündigung richtet sich jedoch nicht an den Menschen als solchen, in einem abstrakten Verständnis, sondern an den konkreten Menschen einer bestimmten Zeit in seiner je eigenen, lebensgeschichtlichen Situation. Als Auslegung des Christusereignisses muß Theologie deshalb die Grundfrage des Menschen nach dem Sinn seines Daseins beantworten. Diesem Anspruch wird die Theologie von Eugen Biser geradezu exemplarisch gerecht. Deshalb ist es naheliegend, wenn nicht gar geboten, seine Theologie einer breiteren Öffentlichkeit vorzustellen und zugänglich zu machen.

Für die Drucklegung mußte das gesprochene Wort den Erfordernissen der schriftlichen Fixierung angepaßt werden. In der Sache wurde jedoch die Identität gewahrt. Die Gliederung des Textes entspricht der Abfolge der Sendungen, die auf drei Videokassetten bei der TR-Verlagsunion, München, zugänglich sind. Lediglich in Teil 3 des vorliegenden Textes wurden unter „2. Die Auferstehung Jesu und die Folgen“ die Sendungen 3. und 4. zu einer Einheit zusammengefaßt.

Für die Mitarbeit bei der redaktionellen Gestaltung des Textes sei Frau Lic. theol., M. A. phil. Monika Schmid, für die Arbeit am PC Frau stud. theol. Jutta Schießler herzlich gedankt.

Richard Heinzmann

Geleitwort

Der moderne Mensch fragt nach dem Sinn seines Lebens, der geistigen Mitte der menschlichen Gemeinschaft, dem Ziel seines Handelns und dem der Geschichte. Arbeitende suchen nach dem Sinn ihrer Anstrengung, Kranke nach dem Wert ihres Leidens, Eltern nach dem Auftrag ihrer Erziehung, Bürger nach dem inneren Zusammenhalt von Demokratie und Friedensgemeinschaft. Europa ist „auf der Suche nach seiner Seele". Alle diese Fragen erwarten nicht eine Antwort von einer Autorität, die es besser wüßte, sondern wollen im Dialog die Wirklichkeit begreifen. Das individuelle Gespräch, die wissenschaftliche Auseinandersetzung, die parlamentarische Debatte, die vertragliche Vereinbarung weisen den Weg zu Verstehen und Verständnis.

Dieses Buch ist ein Dialog. Wir nehmen Teil an einem Gespräch, das Eugen Biser mit Richard Heinzmann führt. In ihm entdeckt eine Theologie der Zukunft die Grunderfahrungen des Christentums neu, entwickelt ein Verständnis von Gott und dem Menschen, das in der Einzigkeit und Würde der Person seine Mitte findet, das eine Religion der inneren Erfahrung mit dem anderen Menschen teilt, im Christentum die „unüberbietbare" Antwort auf die Sinnfrage des Menschen gibt. Dieses Christentum ist noch immer auf dem Weg zu sich selbst, steckt „noch in den Kinderschuhen". Es befreit sich von einem beengenden Gehorsamsglauben, entfaltet sich in einem verantwortlichen Verstehensglauben und gewinnt darin seine Zukunft. Die Kirche kehrt vom Dekret zum Dialog zurück, ersetzt die Gottesangst durch Gottvertrauen, löst die Botschaft Jesu aus dem lehrhaften System und führt sie in eine Welt des Verstehens, der Erfahrung und Verantwortlichkeit.

Dieser Dialog wendet sich an den Leser. Er erwartet von ihm Nachdenklichkeit, mehr noch Spontaneität, Hoffnung, Selbstbewußtsein, ein Verstehen Gottes im Gottessohn, damit im Verständnis des Menschen. Das Wort Gottes und ebenso ein Gespräch über Gott brauchen Anknüpfungspunkte in der je eigenen Existenz des Menschen. Es kann deswegen nur in Analogien sprechen, die unsere zwischenmenschlichen und innerweltlichen Erfahrungen als Modell nutzen, um etwas im Grunde Unsagbares dennoch zu sagen. Dieses Gespräch braucht den Partner; ein Wort, das nur gesprochen, nicht vernommen wird, wäre nur ein Geräusch. Ein Glaube, den ein Mensch nur für sich allein erfährt, könnte nicht zur Religion, nicht zu einer Kirche werden; der Glaubende begegnet anderen in den Bildern des eigenen Sehens, vergleicht die Erfahrung der Einzigartigkeit und Unwiederholbarkeit seines individuellen Lebens mit anderen und begreift sie im Maß des Gemeinsamen, findet auf die Frage nach dem Sinn – das ist die Frage nach Gott – in der Gemeinschaft Antworten.

Daraus ergeben sich wesentliche Folgerungen für die Kirche. Auch die Kirche denkt und lebt in der Geschichte. Niemand wird ihr vorwerfen, daß sie früher einmal wie alle anderen zu Pferd geritten und nicht mit dem Auto gefahren ist. Doch nachdem das Auto erfunden ist, wird sie sich in dieser Modernität bewegen müssen. Dies gilt um so mehr, als die Theologie durch die Wiederentdeckung des freiheitlichen Menschenbildes bewegt wird, einen urchristlichen Gedanken, der mit der Deutung des Menschen als Ebenbild Gottes den radikalsten Gleichheits- und Freiheitssatz der Geschichte formuliert, in der Aufklärung erneuert worden ist und nun gegenwartsgerecht verstanden werden muß. Der Kirche kommt nicht eine Autorität des Machthabers zu, der einen Herrn vertritt, sondern eine Autorität des Lehrers, der seine Erfahrung, sein Wissen und seine Wirklichkeitssicht an seine Schüler weitergibt, der dabei nicht nur lehrend den Verstand der Menschen anspricht, sondern sein Erleben in Bildern und Vorbildern, in Begegnung und Austausch vermittelt. Dadurch wird der Mensch vom theoretischen System zurück zur Lebenswirklichkeit, zur Lebensmitte geführt. Ein wiederkehrendes Motiv des Dialogs ist die Kritik Sören Kirkegaards an den philosophischen und theologischen Systemen. Der Systemdenker wird mit dem Architekten eines großen hochgewölbten Palastes verglichen, der es versäumt hat, sich in diesem Palast eine Wohnung einzurichten und deshalb genötigt ist, nebenan in einer Scheune oder gar einer Hundehütte zu hausen. Eine Systemtheologie, die dem Menschen ein Gedankengebäude, aber keine Unterkunft, keine Geborgenheit und Hilfe anbietet, hat ihre Aufgabe nicht erfüllt.

Die Theologie Eugen Bisers spricht den Menschen der Gegenwart an, der in der Hochkultur unserer Verfassungsstaaten, des weltoffenen Begegnens und Tauschens und der Handlungsmöglichkeiten moderner Medizin und Technik lebt. Sie ist gesprochen in einer Zeit, in der der Mensch – in der Raumfahrt, der Nachrichtentechnik, der Bioethik – über sich hinauszuwachsen, mit der naturwissenschaftlichen Wende die Sache des Menschen zu wenden scheint, in der der Mensch aber auch durch Weltkriege und Diktaturen vor nie dagewesene Bewährungsproben gestellt ist. In dieser geschichtlichen Wirklichkeit setzt die Theologie auf die Freiheit des Menschen, sein Gewissen, insbesondere das Existenzgewissen, das über die Art und Weise urteilt, wie der Mensch mit sich selbst befaßt ist. Das Gewissen gibt dem Menschen die Möglichkeit, sich zu entfalten oder sich fallen zu lassen, sich zu veredeln oder sich zu vernachlässigen. Dieses Christentum führt den Menschen zu sich selbst. Es sieht das Menschliche nicht als Vertreibung aus dem Paradies, sondern als Ankunft in einer zu Humanem und Humanität fähigen Welt. Es baut nicht auf Ge- und Verbote, sondern läßt sein Vertrauen beim Menschen. Das ist nicht der Weg in die Beliebigkeit, sondern in Zugehörigkeit und Zusammenhalt, in Nächstenliebe und Verantwortlichkeit, in Freiheitsfähigkeit.

Ein solches Christentum sucht das Gespräch mit allen Religionen, die in unterschiedlichen Sichtweisen nach dem einen Gott fragen. Es bietet mit seiner Botschaft vom liebenden und sich zuwendenden, nicht drohenden und strafenden Gott die Chance, daß sich den Weltreligionen künftig Gemeinsamkeiten erschließen könnten. Das Christentum, das in diesem Gespräch als „die größte Liebeserklärung Gottes an die Welt" entfaltet wird, das die Erde zum Aufblühen, den Menschen zum Aufatmen bringt, gibt jedem Einzelnen in seiner Unzulänglichkeit und Bedrohtheit eine Antwort auf die Sinnfrage, baut auf den Grundbegriff der „Erlösung", läßt Jesus leben, obwohl er in seinem Lebenswerk gescheitert scheint, als Mensch, der am Kreuze hängt, im Verständnis seiner Zeit verflucht war. Diese Botschaft drängt den Menschen in die Freiheit, erwartet nicht Gehorsam, sondern Verstehen, weniger Bekenntnis als Erfahrung, nicht Leistung, sondern Verantwortung. Der Mensch ist Adressat der Offenbarung und wird als solcher zum Schlüssel der Botschaft. Das Menschenbild bestimmt auch das Bild des menschgewordenen Gottes. Eugen Biser, ein Denker unter Christen und ein Christ unter Denkern, spricht uns so an, daß wir uns am Christentum freuen, daß diese Freude sich anderen mitteilt. Das gemeinsame Erleben der Botschaft erwacht in schönen Worten, erneuert geschichtliche Bilder, spricht auch in Musik, im Gemälde, in der Skulptur, läßt sich auch von Orgelspiel, Kathedrale und Bildnis ansprechen. Ein Dialog voll Hoffnung vertraut dem Menschen, gibt Zuversicht.

Heidelberg, im Sommer 2004 Paul Kirchhof

I. Eugen Biser
im Gespräch mit Richard Heinzmann:
Theologie der Zukunft

Teil 1

1. Zeitdiagnose

H: Herr Kollege Biser, Sie haben die Absicht, in einer Folge von Sendungen über Ihre „Neue Theologie" zu sprechen. Es ist naheliegend, zu Beginn ganz allgemein zu fragen: Was verstehen Sie unter neuer, in die Zukunft weisender Theologie?

B: Ja, „Neue Theologie" ist natürlich ein großes Wort, ein anspruchsvolles Wort, und ich möchte es auf einen Punkt bringen: Eine Neue Theologie sollte eine Antwort sein, eine christliche Antwort auf die Fragen der Zeit. In diesem Zusammenhang muß natürlich der Weg gezeigt werden, wie diese Neue Theologie ihr Ziel erreichen kann. Das ist nicht etwa – wie man denken könnte – der Weg der Modernisierung, sondern der Weg zurück, die Rückbesinnung auf die Mitte des Christentums. Denn die Mitte des Christentums wird nach meiner Überzeugung durch zwei Faktoren definiert, die aufs engste miteinander zusammenhängen: Das eine ist die Gottesentdeckung Jesu, und das zweite ist seine Auferstehung. Diese Mitte – und damit möchte ich diese kurze Beschreibung auch schon beschließen – ist aber nicht, wie man denken könnte, eine starre Mitte, sondern eine lebendig bewegte. Sie sucht den Menschen für sich zu gewinnen, in sich aufzunehmen und möchte zu seiner Lebensmitte werden. Das ist in ganz kurzen Worten der Sinn einer Neuen Theologie.

H: In diesem Zusammenhang stellt sich eine Frage, die meines Erachtens vorweg beantwortet werden müßte. Hat der Mensch unserer Tage überhaupt noch ein Bedürfnis nach Religion, ist er noch offen für eine Wirklichkeit, welche die Alltagserfahrung übersteigt? Man denke an den Fortschritt der Naturwissenschaften, an die Faszination der modernen Technik oder in Korrespondenz dazu an das Schlagwort vom Tode Gottes und den damit verbundenen Alltagsatheismus, der sich immer weiter ausbreitet! Angesichts dieser Phänomene kann man den Eindruck gewinnen, Religion sei vielleicht doch eine inzwischen überwundene Entwicklungsstufe der Menschheitsgeschichte. Deshalb muß einleitend geklärt werden, ob es überhaupt noch einen Sinn hat, solche Anstrengungen zu unternehmen, wie Sie es in einem langen Leben als Theologe und Philosoph, als Wissenschaftler und Seelsorger getan haben.

B: Um auf diese Frage zu antworten, lieber Herr Heinzmann, muß ich zunächst einmal einen Blick in unsere Zeit hineinwerfen. Ich sagte ja, die Neue Theologie ist der Versuch, eine Antwort zu geben auf die Grundfragen der Zeit. Und die Frage, die sich jetzt stellt, heißt ganz einfach: In welcher Zeit leben wir? Mein großer Kummer besteht darin, daß die meisten Zeitgenossen es offensichtlich noch gar nicht wahrgenommen haben, daß wir uns in der größten Stunde der bisherigen Menschheitsgeschichte befinden, allerdings auch in einer der gefährdetsten dieser ganzen Menschheitsgeschichte; das muß zunächst einmal gezeigt werden.

Ich sehe in dieser Zeit eine Zeit der sich Zug um Zug realisierenden Utopien. Die Menschheit hat immer geträumt, seit Urzeiten: Sie träumte den Traum vom himmlischen Feuer; sie träumte den Traum von der Sternenreise; sie träumte sogar den Traum von einem neuen, künstlichen Menschen. Diese Träume sind Zug um Zug in unserer Zeit in Erfüllung gegangen. Das himmlische Feuer des Prometheus wurde gebändigt in den Atomreaktoren, die Sternenreise wurde 1969 Realität mit der Landung amerikanischer Astronauten auf dem Mond. Das alles sind bereits signifikante Erscheinungen unserer Zeit. Wenn man dazu noch die modernste Evolutionstechnik in den Blick nimmt, wird man sagen müssen: Der Mensch steht im Begriff, sich selbst zu produzieren. Er hat aufgehört, ein Geschöpf Gottes zu sein, und wird zunehmend zum Produzenten seiner selbst. Das ist selbstverständlich eine folgenreiche Veränderung der ganzen Lage; und damit erhebt sich dann die von Ihnen gestellte Frage nach der Situation der Religion in unserer Zeit.

Es gibt einen hellsichtigen Interpreten dessen, was ich gesagt habe. Er ist allerdings unter einem ganz anderen Aspekt bekannt, nämlich als Erfinder der Psychoanalyse: Es ist *Sigmund Freud*. Freud hat 1930 einen Essay über „Das Unbehagen in der Kultur" veröffentlicht, in dem er die von mir angesprochenen Themen bereits behandelt und analysiert hat. Für ihn galt: „Wir leben in einer Stunde der Gottesfinsternis; denn Gott ist tot." Das bezog sich zurück auf *Friedrich Nietzsche*, der diese Parole in seiner Parabel vom „tollen Menschen" in die Welt hinausgeschrieen und daraus die für ihn entscheidende Konsequenz gezogen hatte. Durch den Tod Gottes wurden die Attribute der Allmacht, der Allwissenheit und Gerechtigkeit, die der Mensch in einem Akt der Selbstentäußerung an Gott abgetreten hatte, freigesetzt, so daß sie vom Menschen zurückgewonnen werden können. Mit *Freud* könnte man darauf hinweisen, daß das in der modernen Hochtechnik tatsächlich geschieht. In der Raumfahrt gewinnt der heutige Mensch einen Anteil an göttlicher Allgegenwart, in der Nachrichtentechnik an göttlicher Allwissenheit und in der Evolutionstechnik sogar an göttlichem Schöpfertum. Dadurch wächst der Mensch dieser Zeit über sich hinaus, aber nur recht mühsam, da er sich an diese Eigenschaften wie ein Versehrter an seine Prothesen erst gewöhnen muß. *Freud* spricht ironisch davon, daß der Mensch zu einem „Prothesengott" geworden sei. Durch den Tod Gottes sind die göttlichen Eigenschaften freigesetzt worden. Ursprünglich, so sagt *Freud* im Anschluß an *Ludwig Feuerbach,* waren das Attribute des Menschen. Der Mensch war seinem Anspruch nach allmächtig, allgegenwärtig, allgerecht. Das alles wurde an Gott abgetreten; durch den Tod Gottes sind diese Attribute jedoch in die Verfügungsgewalt des Menschen zurückgekommen, und dadurch wächst er über sich hinaus.

H: Zum besseren Verständnis Ihrer Analyse sollte man doch noch etwas genauer sagen, was das Wort vom Tod Gottes meint. Ein Gott, der existiert, kann nicht sterben, er kann nicht tot sein! Und ich denke, daß auch *Friedrich Nietzsche* nicht sagen wollte: Gott existiert nicht. Es geht nicht um die Existenz Gottes, sondern um die Frage seiner Bedeutsamkeit für unsere Gesellschaft.

B: Diese Frage kann man ganz exakt beantworten, denn *Friedrich Nietzsche* hatte einen Freund, *Franz Overbeck,* der ihn übrigens nach seinem Zusammenbruch vor der Einlieferung in eine italienische Irrenanstalt bewahrte. *Overbeck,* der ihn wahrscheinlich besser kannte als irgendein anderer, sagte: „In seinen zurechnungsfähigen Zeiten hat Nietzsche mit diesem Wort niemals gemeint, daß Gott nicht existiert." Er wollte vielmehr eine Aussage machen über die Rolle des Gottesglaubens in unserer Gesellschaft und in unserem modernen Bewußtsein. In diesem modernen Bewußtsein ist Gott gestorben.

H: Diese Erkenntnis wäre dann auch ein Argument dafür, daß die Neue Theologie in unserer Wirklichkeit durchaus einen Ansatzpunkt hat.

B: Ganz gewiß, das wird sogar eine vorzügliche Aufgabe der Neuen Theologie sein, den Menschen wieder den „Geschmack an Gott" zu vermitteln, wie man im Anschluß an ein großes Wort von *Friedrich Schleiermacher* sagen könnte. Das ist zweifellos das Ziel. Aber ich denke, man muß zunächst einmal klären, wie es überhaupt zu diesem Ausverkauf des Religiösen in unserer Welt gekommen ist.

Dieser Vorgang hat eine lange Vorgeschichte, auf den der schon wiederholt angesprochene *Friedrich Nietzsche* hingewiesen hat. Er hat gesagt: „Seit Kopernikus" – und jedermann weiß, *Kopernikus* hat das neue, heliozentrische Weltsystem ins Bewußtsein der Menschen gebracht – „seit Kopernikus geriet die Sache des Menschen auf eine schiefe Bahn." Gott wurde gleichsam an den Rand gedrängt. Und aus dieser Marginalisierung

Gottes, der an den Rand gedrängt war, wurde dann schließlich die Tot-Erklärung Gottes. So lief die Geschichte ab. Und selbstverständlich muß an dieser Stelle eingesetzt werden.

Wenn ich auf Ihre Anmerkung noch deutlicher eingehen darf, dann würde ich sagen: Wir erleben in unserer Zeit eine merkwürdige Umschichtung. Auch das gehört zur Physiognomie unserer Stunde. Sie ist nicht nur eine Stunde, in der sich jene naturwissenschaftliche Wende vollzogen hat, von der vorhin die Rede war, sondern auch eine Stunde, in der sich die Sache des Menschen gewendet hat. Unlängst hat ein Soziologe behauptet: Der Konsumismus ist vorbei. Wir haben eine Zeit hinter uns, in der die Sache des Menschen verflacht und der Mensch in die Eindimensionalität abgedrängt wurde. Aber aus diesem Zustand erwacht er, vielleicht wegen der augenblicklichen, ökonomisch schwierigen Situation. Die Menschen werden bekanntlich immer dann wach, wenn es ihnen schlecht geht. Gute Zeiten sind nie gut für die Philosophie und für die Theologie. Notzeiten lehren nicht nur beten, sondern lehren auch denken. Und deswegen erwacht bei uns ein neues Gefühl für die Konstanten des Lebens. An Geld, an Lustgewinn kann man sich nicht festhalten; festhalten kann man sich nur an einem Faktor, der unverbrüchliche Sicherheit garantiert, und das ist Gott.

H: Ihre Aufgabe, Herr Kollege Biser, besteht dann darin, das Wissen um Gott den Menschen unserer Zeit zu vermitteln und auf diese Weise die Gesellschaft von innen her neu zu gestalten – ein Prozeß, der gerade beim Aufbau des neuen Europa von grundlegender Bedeutung sein kann.

B: Da bin ich ganz sicher, und das hat jener von mir vorhin erwähnte Soziologe auch in aller Deutlichkeit gesagt: Wir erleben den sehr hoffnungsvollen Augenblick, in dem sich der Tod Gottes gleichsam zurückverwandelt in eine neue Auferweckung Gottes in unserem Bewußtsein. Ich sagte vorhin: Tod Gottes, das ist keine Aussage über die Existenz Gottes, über die Frage, ob es überhaupt einen Gott gibt, ob er existiert. Nein, so sagte ich im Anschluß an *Overbeck*: Tod Gottes ist nur die Registrierung des Sachverhalts, daß Gott in unserer Welt nicht mehr jene zentrale Rolle spielt, die ihm von seiner ganzen Begrifflichkeit und Bedeutung her zukommen müßte; daß er gleichsam aus unserer Welt verdrängt worden ist. Doch wir erleben – und ich möchte das noch einmal mit Betonung sagen dürfen – den außerordentlich hoffnungsreichen Augenblick, wo wir eine Zurückverwandlung dieser Situation erfahren, und da müßte dann selbstverständlich auch eine neue theologische Reflexion einsetzen, und ebendies ist die Stunde der Neuen Theologie.

H: Das würde aber auch bedeuten, daß der ozeanische Atheismus, von dem Sie gelegentlich sprechen, seine große Zeit hinter sich hat. Damit zeichnet sich eine außerordentliche Aufgabe für Philosophie, Theologie und Christentum ab. Es ist unmittelbar einsichtig, daß eine Neue Theologie von dieser Situation ausgehen muß. Durch die bloße Wiederholung der alten Sätze und Glaubensformeln lassen sich die anstehenden Probleme nicht bewältigen!

B: Darauf kann man mit einem Nietzsche-Wort antworten. *Nietzsche* hat ja vor allem mit seinem Zarathustra Furore gemacht – es ist das bekannteste seiner Werke. Dort gibt es das Gespräch zwischen Zarathustra und dem letzten Papst. Der letzte Papst – weil Gott tot ist – sagt: „Du bist frömmer als du glaubst, mit einem solchen Unglauben. Irgendein Gott in dir bekehrte dich zu deinem Unglauben.“ Das ist natürlich in einer nüchternen Sprache gesagt nichts anderes als die Feststellung: Der Gottesglaube kehrt zurück, Gott gewinnt wieder Bedeutung in unserem Denken. Und das muß selbstverständlich theologisch aufgefangen und aufgearbeitet werden; das ist die Sache der Neuen Theologie.

H: Das heißt also, diese Neue Theologie hat die Aufgabe, die zentrale Frage nach dem Sinn des menschlichen Daseins zu beantworten!

B: Das ist ganz klar, denn unlängst sagte jemand, der es wissen mußte – der Leiter einer demoskopischen Erhebung –, daß mit dem Gottesglauben auch die Sinnfrage im Schwinden begriffen sei. Ich habe das als eine im Grunde sehr hoffnungsvolle Diagnose empfunden, denn wir müssen, wenn wir das Gottesbewußtsein neu erwecken wollen, zunächst auch auf die Frage nach dem Lebenssinn des Menschen eingehen und müssen nach Mitteln und Wegen suchen, wie der Mensch zum Interesse an seinem Sinn zurückgeführt und wie ihm die Sinnfrage dann auch wirklich beantwortet werden kann. Das alles ist Aufgabe der Neuen Theologie, und sie ist neu, weil die alte Theologie diese Frage so noch nicht gestellt hat und weil es ein dringendes Gebot der Stunde ist, daß der Zusammenhang zwischen Gottesglaube und menschlicher Sinnfrage neu entdeckt und neu auf den Begriff gebracht wird.

H: Ihre Analyse kommt zu dem nicht anfechtbaren Ergebnis, daß auch der heutige Mensch noch die Frage nach dem Sinn und damit nach Gott stellt.

Bevor wir aber in unser Gespräch über eine Theologie der Zukunft eintreten können, muß ein Problem angesprochen und geklärt werden, das für jede „Theo-logie“, insofern sie „Rede von Gott“ sein will, von grundlegender und vorentscheidender Bedeutung ist. Was soll unter dem Wort

„Gott" verstanden werden? Auf den ersten Blick scheint die Antwort selbstverständlich zu sein. Das Wort Gott gehört nicht nur im religiösen Kontext zu unserem alltäglichen Sprachschatz – wenn auch in zunehmendem Maße in der Negation als „Gott-losigkeit". In den entsprechenden Übersetzungen kommt der Terminus in allen Kulturen vor. Man sollte also – gleich wie man dazu steht – wissen, wovon die Rede ist, wenn von Gott gesprochen wird. Bei genauerem Zusehen wird aber dieser Selbstverständlichkeit schnell der Boden entzogen. Gerade weil das Wort Gott überall begegnet, in philosophischen Entwürfen ebenso wie in religiösen Überzeugungen, muß erst gefragt werden, was jeweils darunter verstanden werden soll.

Ganz allgemein stellt sich die Frage nach Gott im Horizont der Kontingenzerfahrung. Der Mensch muß zur Kenntnis nehmen, daß die erfahrbare Wirklichkeit – und das gilt auch für ihn selbst – endlich und vergänglich ist. Auf der Suche nach dem Grund dafür, daß Endliches überhaupt existiert, fordert das Denken eine unsere Welt übersteigende, transzendente Wirklichkeit. Diese transzendente Wirklichkeit wird üblicherweise mit dem Wort Gott belegt und dient als Welterklärung. Sie ist der alles begründende, selbst aber grundlose Grund der Realität.

Im abendländischen Kulturkreis entspricht das in etwa der Weltauslegung der griechischen Philosophie. Die Welt ist als ganze ewig, alles Einzelne ist kontingent. Das Göttliche, nicht ein personal zu verstehender Gott, ist der immanente Weltgrund als das „selbst unbewegte, alles andere bewegende Prinzip", wie *Aristoteles* es formuliert. Und trotz einer relativen Transzendenz gehört dieses Prinzip letztlich zu dieser Welt.

Das christliche Verständnis von Gott unterscheidet sich davon radikal. Gott ist kein Prinzip, er unterliegt keiner Notwendigkeit, er hat sich vielmehr in der Geschichte als handelndes Subjekt geoffenbart. In Freiheit und Souveränität hat er die Welt ins Dasein gesetzt und ist dadurch in einen Dialog mit dem Menschen eingetreten. Der Mensch ist der zwar endliche, aber gleichwohl freie Dialogpartner Gottes. In diesen wenigen Hinweisen deutet sich das Spezifikum und das zentrale Geheimnis des christlichen Gottesverständnisses an, durch das es sich von allen Möglichkeiten, Gott zu denken, unterscheidet. Gott ist mehr als das denknotwendige Ergebnis menschlicher Reflexion, er ist kein Entwurf menschlicher Erkenntnisbemühung. Er hat sich selbst – über diese durch menschliches Bemühen erreichbare und erreichte Einsicht hinaus – als Inbegriff der Liebe erschlossen.

Diese Selbstoffenbarung Gottes als die Liebe kann vom Menschen zwar nicht erschlossen, sie kann aber denkend nachvollzogen werden. Das geschieht in dem Versuch, den einen, lebendigen Gott als personalen Lebensvollzug zu verstehen. Von diesem Ansatz her eröffnet sich ein Zugang zur Trinität. Das Verständnis Gottes als dreifaltiger ist für das Christentum grundlegend und unverzichtbar. Zugleich ist die Trinitätslehre Anlaß, dem Christentum vorzuwerfen, es erhebe zwar den Anspruch, eine monotheistische Religion zu sein, lehre aber in Wirklichkeit drei Götter, vertrete also einen Tritheismus. Wenn man die Frage gar mit mathematischen Kategorien angeht, kommt es schließlich zu der törichten These, das Christentum mute seinen Gläubigen in sich Widersprüchliches zu, nämlich eins sei gleich drei.

Es zählt zweifellos zu den schwierigsten Anforderungen, vor die sich christliche Theologie gestellt sieht, die Lehre von der Dreifaltigkeit widerspruchsfrei zu vermitteln. Bei einem solchen Versuch muß als erstes in Erinnerung gerufen werden, daß Gott grundsätzlich, auch in seiner Selbsterschließung in Jesus Christus, nicht begriffen werden kann. Daß Gott unbegreiflich ist, ist nach *Thomas von Aquin* das Höchste menschlicher Gotteserkenntnis. Diese Einsicht hat jedoch nicht zur Folge, daß wir von Gott überhaupt nicht reden könnten, daß also der Agnostizismus unvermeidlich sei. Um das Sprechen von Gott zu ermöglichen, bedient man sich der Methode der Analogie. Das besagt, daß wir unsere zwischenmenschlichen und innerweltlichen Erfahrungen als Modell benutzen, um in uneigentlicher Weise – trotz seiner grundsätzlichen Unbegreiflichlichkeit – von Gott zu sprechen. Die Unähnlichkeit ist bei analogen Begriffen oder Sätzen immer größer als die Ähnlichkeit. Von diesem Ansatz her läßt sich die Rede vom dreifaltigen Gott rechtfertigen, ohne dadurch der Gefahr zu erliegen, einen „begriffenen" Gott zu entwerfen.

Wenn sich Gott also selbst als die Liebe kundtut, dann kann er nicht als statische und isolierte Wirklichkeit gedacht werden. Liebe ist ein Geschehen zwischen Personen, deshalb muß der eine Gott personal strukturiert gedacht werden. Die Wesenselemente des Personseins – Erkenntnis, Freiheit, Dialogfähigkeit – müssen analog auch von Gott ausgesagt werden können. Die Begrenzungen, die mit dem menschlichen Personbegriff verbunden sind, wie Vereinzelung, Abgeschlossenheit und anderes mehr, müssen ausdrücklich ausgeschlossen werden, wenn man nicht doch dem Mißverständnis des Tritheismus verfallen will.

Diese hinführenden Überlegungen ermöglichen es, das trinitarische Grundbekenntnis – „ein Gott in drei Personen" – widerspruchsfrei zu denken und dem Verständnis auf analoge Weise nahezubringen. Die Natur des einen Gottes ist die Liebe. Liebe aber ist wesentlich, nicht nur akzidentell, personales Bezogensein. Weil Gott und Liebe austauschbare „Begriffe" oder genauer: eine identische Wirklichkeit sind, ist es das Wesen Gottes, in zwischenpersonaler Bezogenheit zu existieren, ohne daß dadurch das eine göttliche Wesen vervielfältigt würde. Ursprünglich ist also Dreieinigkeit ein innergöttliches Geschehen. Der eine Gott ist Vater in personaler Relation zum Sohn als dem Logos, dem Wort; das Wort in Gott ist Person in Bezug auf den Vater. Der Geist schließlich ist die personhafte Relation zwischen Vater und Sohn.

Die Einsicht in das dreipersonale Wesen des einen Gottes, die aus der Erfahrung des in der Geschichte handelnden Gottes gewonnen wurde, ist die Möglichkeitsbedingung für Schöpfung und Erlösung. Als Vater ist Gott der Schöpfer und Herr der Welt und der Geschichte. Durch den Sohn richtet er sein Wort an den Menschen und teilt sich selbst dem Menschen mit. Heiliger Geist schließlich ist Gott, insofern er in seiner schöpferischen und erlösenden Gegenwart dem Menschen nahe ist.

B: Damit ist in groben, aber verständlichen Zügen umrissen, was das Wort „Gott" im spezifisch christlichen Verständnis bedeutet. Und dieses Verständnis liegt natürlich auch der Neuen Theologie zugrunde.

2. Alte und Neue Theologie

H: Herr Kollege Biser, wir sprechen über Ihre Neue Theologie. Schon allein die Aussage „Neue Theologie" wirft die Frage auf: Wie steht es mit der alten Theologie? Das Christentum ist etwa 2000 Jahre alt, und von Anfang an wurde Theologie betrieben im Sinne der Reflexion auf die Ereignisse um Jesus Christus. Es gibt große Theologen – ich denke an *Augustinus, Thomas von Aquin, Bonaventura, Martin Luther* und viele andere bis in unsere Gegenwart hinein –, und man muß fragen: Was soll jetzt noch Neues kommen? Die Kirche hat ihre Glaubenssätze in den Dogmen fest und klar definiert. Gibt es in dem Sinn eine Neue Theologie, daß sie eine Alternative zu der alten Theologie wäre oder soll es eine Fortführung der alten Theologie sein oder soll es ein Neuansatz sein, wie er, gleich aus welchen Gründen, in diesen 2000 Jahren noch nicht oder doch nicht deutlich genug herausgestellt wurde?

B: Das ist eine Frage, die ich mir selbst schon oft gestellt habe. Sind denn im Grunde nicht schon alle theologischen Fragen längstens diskutiert worden? Hat die alte Theologie nicht alle Probleme, vor die sie sich gestellt sah, längst schon gelöst? Ist nicht das theologische Geschäft längstens unter Dach und Fach gebracht? Aber die letzte, von Ihnen angesprochene Möglichkeit hat mich auf die Spur gebracht. Eine Neue Theologie ist nach meiner Überzeugung unumgänglich, weil die alte, ungeachtet ihrer großartigen Leistungen, an drei Defiziten krankt. Sie hat, um Ihren Gedanken aufzunehmen, die Botschaft Jesu in ein lehrhaftes System gebracht. Jesus aber ist mit zwei suggestiven Antworten aufgetreten: „Feuer auf die Erde zu werfen, bin ich gekommen, und was will ich anderes, als daß es brenne." Und dann die Warnung: „Neuen Wein darf man nicht in alte Schläuche gießen; sonst zerreißt der Wein die Schläuche und beide, Wein und Schläuche, sind verloren." Doch genau das hat die alte Theologie getan. Das ist kein Vorwurf, sondern ein geistesgeschichtliches Faktum, denn beim Siegeszug des Christentums durch die antike Welt ging es darum, das Evangelium den Menschen der griechisch-römischen Welt nahezubringen. Nach Lage der Dinge konnte das nur in den platonisch-aristotelischen Denkformen geschehen. Darin sah sich die frühe Theologie durch einen frappierenden Gleichklang bestätigt, denn am Anfang des Johannesevangeliums steht der Satz: „Im Anfang war das Wort, der Logos." Logos ist aber schon bei *Heraklit* das Schlüsselwort der griechischen Philosophie. Was lag da näher, als den Wein des Evangeliums in die Gefäße der griechischen Denkformen zu gießen?

Bevor wir aber darauf zurückkommen, möchte ich noch auf zwei weitere Gesichtspunkte hinweisen. Befangen in einer Welt von Angst, Haß und Gewalt, hat die alte Theologie trotz erstaunlicher Lichtblicke nie völlig mit dem von Jesus entdeckten Gott der bedingungslosen Liebe, der nach dem Zentralwort der lukanischen Bergpredigt seine Güte sogar den Undankbaren und Bösen erweist, gleichgezogen. Dieser Rückstand muß heute unbedingt aufgeholt werden – das Hauptziel der Neuen Theologie. Dazu kommt ein Drittes. Obwohl Jesus geradezu in der Zuwendung zu den Menschen und insbesondere zu den gesellschaftlich Mißachteten und Geächteten lebte und obwohl Paulus die Gotteskindschaft denkbar leuchtend als menschliches Hochziel herausgestellt hatte, trat dieses Motiv in der Folge in den Hintergrund, womöglich deshalb, weil das griechische Denken den Menschen, wie Sie stets betonen, nur als Exemplar, nicht jedoch als Person im Auge hatte. Das alles aber hatte damit zu tun, daß die Botschaft im Sinn der griechischen Denkweise instrumentalisiert, daß also der neue Wein des Evangeliums in alte, vorgegebene Gefäße gegossen worden war.

H: Das trifft sicher zu; es blieb aber keine andere Wahl. Man kann immer nur in den Kategorien denken, welche die jeweilige Epoche zur Verfügung stellt. Das waren damals die Kategorien der griechischen Philosophie. Der entscheidende Unterschied zur Denkweise des Evangeliums liegt darin: Griechische Metaphysik fragt nach dem Wesen, nach dem Bleibenden im stetigen Wandel der Dinge. Sie ist ein in sich geschlossenes, statisches System, in dem Geschichte keine Bedeutung hat. Dem entspricht die Tatsache, daß der einzelne Mensch als Exemplar der Art verstanden wird und für sich genommen keinen Eigenwert besitzt. Das Allgemeine steht immer höher als das Einzelne und der Einzelne. Demgegenüber ist das Christentum von seinem Ursprung her eine geschichtliche Größe und kann deshalb nur in geschichtlichen Kategorien angemessen zur Sprache gebracht werden. Nicht Notwendigkeit und Determination sind die christlichen Grundbegriffe, sondern Einmaligkeit, Personalität und Freiheit. Diese beiden Weltauslegungen, die griechische und die jüdisch-christliche, sind letztlich unvereinbar. Die damit verbundenen Probleme konnten von den Theologen der christlichen Frühzeit nicht mit der Klarheit gesehen werden, die uns aus der Distanz möglich ist. So kam es in der klassischen Theologie der Vergangenheit zu Akzentverlagerungen und Fehlentwicklungen, die dringend der Korrektur bedürfen. Mit Ihrem theologischen Neuansatz leisten Sie dazu einen kaum zu überschätzenden Beitrag.

B: Das ist jedenfalls meine Absicht. Die im Judentum bereits vorweggenommene Großleistung des Christentums besteht darin, daß es mit dem zyklischen Weltbild der Antike gebrochen hat. In der Antike gab es nur das eine Große, den Kosmos, der gleichzeitig göttlich war und der sich, sofern er sich im Weltsystem spiegelte, in der ewigen Wiederkehr des Gleichen dargestellt hat. Das Christentum – basierend, wie gesagt, auf dem Judentum – hat dieses zyklische Modell aufgebrochen und hat ein lineares Modell an die Stelle gesetzt: Jetzt hat die Welt ein Ziel, jetzt hat die Welt eine Geschichte, jetzt durchläuft sie eine Entwicklung. Deshalb sind jetzt natürlich ganz andere Kategorien erforderlich, um das Spezifikum der Botschaft Jesu auszudrücken.

An dieser Stelle nun eine zweite Feststellung: Die traditionelle Theologie war eine weitgehend abstrakte Theologie. Das ist wiederum kein Vorwurf, denn sie stand ja in heftiger Konkurrenz mit der Philosophie und mit den aufkommenden Wissenschaften. Im Bereich der Universität entstand das Problem der Rangfolge der Fakultäten. Wenn die Theologie die ihr ursprünglich zugesprochene Spitzenstellung bewahren wollte, konnte sie gar nicht anders als konkurrieren. Um darin erfolgreich zu sein, hat sie drei essentielle Komponenten, man könnte sogar sagen: ganze Dimensionen abgestoßen. Zunächst einmal die bildhafte: Jesus hat ja seine Botschaft in Bildern und Gleichnissen vorgetragen; doch mit Bildern konnte man nicht argumentieren. Deshalb hat man die Bilder über Bord geworfen. Dann aber auch die therapeutische Komponente: Jesus hat seine Botschaft dadurch kommentiert, daß er Blinden das Augenlicht, Gichtbrüchigen die Gehfähigkeit und Aussätzigen die Heilung geschenkt hat. Dieser therapeutische Bezug ist ebenfalls abgestoßen worden. Schließlich geht es um die soziale Komponente. Wie Sie ganz richtig gesagt haben, ist das Christentum die Religion des zum personalen Selbstsein gelangten Menschen. Aber er ist natürlich Mensch in der Gemeinschaft der anderen, der seine Personalität bis in die Sprache und Liebesbeziehung hinein nur im Bezug zu anderen ausgestalten kann. Deswegen ist das Soziale ein integrales Element der christlichen Botschaft. Doch das Soziale wurde ebenfalls abgestoßen.

Sie haben vorhin Bezug genommen auf einige große Namen. Demgemäß wird die Theologie immer nach Individuen benannt, nach *Thomas von Aquin*, nach *Bonaventura*, nach *Karl Rahner*, nach *Rudolf Bultmann*, nach *Romano Guardini*; sie ist ganz individualistisch geworden, hat jedoch auf diese Weise den großen Vorteil erlangt, konkurrenzfähig geworden zu sein mit den Wissenschaften und der Philosophie.

H: Zusammenfassend könnte man sagen: Aufgrund der äußeren geschichtlichen Bedingungen wurde das Christentum als eine geschichtliche Religion auf den statischen Begriff gebracht und damit im Prinzip in seiner Weltwirksamkeit gelähmt. Mit anderen Worten: Ihre Neue Theologie hat die Aufgabe und die Absicht, vom theoretischen System, in das die Wirklichkeit des Christentum gegossen wurde, wieder zurückzukehren zur Lebenswirklichkeit. Und das ist wohl das, was Sie vorhin meinten mit dem Rückgang zur Mitte; von hier aus muß dann die Theologie neu konzipiert werden.

B: Besser hätte ich es auch nicht sagen können, denn ich habe schon einmal erwähnt: Die Mitte will Lebensmitte des Menschen werden. Und das ist sie eben in der traditionellen Darstellung so nicht geworden. Nachdem Sie jetzt nochmals auf den Systemcharakter von Philosophie und Theologie Bezug genommen haben, muß ich das noch einmal verschärfen und unterbauen.

Ich versuche das im Rückgriff auf den großen Denker, Dichter und Theologen *Sören Kierkegaard*, der wiederholt Kritik an den philosophischen und theologischen Systemen geübt hat. Er verglich den Systemdenker mit dem Architekten eines großen hochgewölbten Palastes, der es nur versäumte, sich darin eine Wohnung einzurichten und deshalb genötigt ist, nebenan in einer Scheune, wenn nicht gar in einer Hundehütte zu hausen. Danach war die Systemtheologie ein Gedankengebäude, aber kein Lebensraum, in dem der Mensch eine Unterkunft, Geborgenheit und Hilfe in seinen Problemen und Nöten gefunden hat. Deshalb hat die Neue Theologie in allererster Linie die Aufgabe, eine Theologie für den Menschen zu sein.

H: Und genau an diesem Punkt setzen Sie ja ein, indem Sie mit der Existenzanalyse beginnen, um dann aufgrund dieser Existenzanalyse die Offenbarung als Antwort auf die damit aufgeworfenen Fragen zu verstehen und zu interpretieren.

B: Das ist selbstverständlich ein Grundanliegen der ganzen Unternehmung. Es muß gezeigt werden, wie der Mensch von Haus aus offen ist auf etwas Größeres als das, was ihm die Gesellschaft anbietet. Die Gesellschaft ist ja im Grunde eine Vergewaltigung des Menschen. Sie ist in unserer Zeit Konsum- und Leistungsgesellschaft, das zeigt sich vor allen Dingen am Unglück derjenigen, die weder zu dem einen noch zu dem anderen beitragen, die also weder produzieren noch konsumieren können.

Mir hat einmal ein großer Münchener Arzt gesagt: Es ist uns in der medizinischen Forschung gelungen, alle akuten Krankheiten zu verbannen, aber der chronischen Krankheiten werden wir nicht Herr. Das aber heißt, daß der chronisch Kranke der eigentlich Leidtragende der heutigen Gesellschaft ist, denn nach dem Verbrauch seiner Geldmittel kann er nicht mehr kaufen und konsumieren. Und aufgrund seines Zustands ist er außerstande, berufliche Leistungen zu erbringen. Da ihm beides verwehrt ist, muß er sich als ein nutzloses, wenn nicht gar sinnloses Glied der menschlichen Gesellschaft vorkommen. Doch dabei darf es keinesfalls bleiben!

Vielmehr muß der Mensch wieder in seiner Totalität in den Blick genommen werden, auch der leidende Mensch. Gerade den leidenden Menschen muß gezeigt werden, daß Leiden nicht nur eine Katastrophe ist – so schmerzlich sich das im einzelnen darstellt –, sondern auch eine große Chance. Es gibt einen Denker aus der Frühzeit des Christentums, *Dionysius Areopagita*, der gesagt hat: „Gott wird noch mehr durch Leiden als durch Forschen erkannt." In diesem Zusammenhang müßte man den leidenden Menschen sagen: Leiden hat Sinn. Darin bestünde dann die Hilfe, die ihnen eine Neue Theologie bieten kann.

H: Damit sind Probleme angesprochen, auf die wir in den späteren Gesprächen noch einmal ausführlicher zurückkommen müssen.

3. System und Geschichte

H: Herr Kollege Biser, die traditionelle Theologie des Abendlandes zeichnet sich durch eine saubere, durchkonstruierte Systematik aus. Nun hat aber jede Systematik innere Konsequenzen, und dazu gehört eine gewisse Zwanghaftigkeit: Im System kann ein Mensch nicht er selbst sein. Und ich denke, daß auch in dieser Hinsicht die alte Theologie zu manchen Ergebnissen geführt hat, die heute dringend der Neuauslegung bedürfen.

B: Ja, Herr Heinzmann, Ihre Bemerkung erinnert mich an einen Buchtitel: „Dogma als Zwangsidee". Da kommt ja genau das zum Ausdruck, und das bringt mich auf die Idee, die Neue Theologie noch unter einem ganz anderen Gesichtspunkt darzustellen. Die alte Theologie, der wir ja keine Vorwürfe machen, sondern die wir zu verstehen suchen, um die Notwendigkeit einer Alternative herauszustellen, stand im Bann einer Denkweise, die durchaus mit dem zu tun hat, was dieser Titel „Dogma als Zwangsidee" zum Ausdruck bringt. Derjenige, der hier eine verhängnisvolle Weichenstellung herbeigeführt hat, war einer der größten Denker der Christenheit: *Augustinus.* Augustinus war zwar der Meinung, daß man die Besseren – wie er sich ausgedrückt hat – durch Überzeugung zum Christentum führen könne, doch die meisten würden durch Angst und Nötigung zum Christentum gebracht. In diesem Zusammenhang ist ihm eine zusätzliche Fehlleistung unterlaufen. Entgegen dem alten Grundsatz, daß aus Bildaussagen keine Direktiven abgeleitet werden können, hat er der Aufforderung des Herrn im Gleichnis vom großen Gastmahl, „compelle intrare – nötige sie, einzutreten", die Rechtfertigung der Gewalt gegenüber Dissidenten und Abtrünnigen entnommen. Das haben sich die nachfolgenden Generationen nicht zweimal sagen lassen; es kam zu Ketzerverfolgungen, es kam zu den Albigenserkriegen, es kam zur Inquisition. Solange aber auf diese Weise Gewalt geübt oder auch nur billigend hingenommen wurde, war eine Art Schleier über das Evangelium gezogen, denn Gewalt ist das diametral entgegengesetzte Prinzip zu dem, was Jesus gewollt und getan hat.

Vielleicht muß ich nochmals kurz auf die Lebenssituation Jesu zurückblenden: Jesus stand vor einer äußerst schwierigen politischen Situation. Die Mehrheit seines Volkes wollte aufgrund der schrecklichen Behandlung durch die Römer den Befreiungskrieg gegen Rom; Jesus aber wußte: Wenn dieser Krieg stattfindet, wird kein Stein auf dem anderen bleiben. Deswegen wollte er unter allen Umständen das Volk vor dieser Katastrophe bewahren. Er konnte es nur, indem er das Prinzip der absoluten Gewaltlosigkeit proklamierte und den Menschen nahezubringen suchte. Er ist daran gescheitert.

H: Darf ich noch ein kleines, korrigierendes Wort zu *Augustinus* hinzufügen: Augustinus hat lange gelebt und hat viele Stadien auf seinem Lebensweg durchlaufen. Die Position, die Sie angesprochen haben, betrifft den späten Augustinus. Der frühe und der mittlere Augustinus hatte anderes zu sagen als der späte, der maßgeblich wurde für die künftige Geschichte der Kirche. In seinem Spätwerk sind meiner Meinung nach zwei zentrale christliche Elemente verlorengegangen. Das ist einmal die Würde der Person – daß Glaube immer ein Akt personaler Freiheit sein muß – und zum anderen, daß das Heil Gottes unverfügbar ist, daß es nicht identifiziert werden darf mit der geschichtlichen Größe der Kirche.

B: Das war eine sehr wichtige Korrektur, denn selbstverständlich sollte durch das, was ich gesagt habe, die Größe Augustins nicht geschmälert werden. Er hat die „Bekenntnisse" geschrieben, das erste ganz große autobiographische Buch, das überhaupt nur in der Tradition der Sprachleistungen Jesu und des Apostels Paulus zustande kommen konnte. In diesen Bekenntnissen stehen Worte von einer wahrhaft überwältigenden Schönheit, angefangen vom Ausgangssatz „Unruhig ist unser Herz, bis es Ruhe gefunden hat in Dir" bis hin zu dem Ausruf „Spät habe ich dich geliebt, du ewig alte und ewig neue Schönheit, spät habe ich dich geliebt!" – wie gesagt, *Augustinus* soll in seiner Größe nicht geschmälert werden. Aber es gehört zur Tragik seiner Lebensgeschichte, daß er von diesen Einsichten abgerückt ist und unter dem Eindruck einer Lebenskrise, über die wir keine näheren Auskünfte haben, diese verhängnisvolle Weichenstellung für die spätere Kirchengeschichte verursachte. Dem setze ich nun die These entgegen, daß der durch die Gewalt in ihren unterschiedlichen Formen über das Evangelium gelegte Schleier endlich entfernt und der Blick auf seine Mitte dadurch freigegeben werden muß. Grundsätzlich geschah das durch das Zweite Vatikanische Konzil (1962–1965), das sich, wegweisend für die ganze Menschheit, zu der Erkenntnis erhob, daß Konflikte politischer, sozialer und religiöser Art niemals mehr mit den Instrumentarien der Gewalt, sondern nur noch auf dem Weg des Dialogs ausgetragen werden können. Darin besteht zweifellos eine der größten Leistungen der Kirchengeschichte, denn damit hat sich die Kirche grundsätzlich von der Gewalttradition verabschiedet. Dadurch fiel der verdunkelnde Schleier vom Evangelium ab und dadurch entstand die Chance, zur Mitte des Evangeliums vorzudringen und seines Zentrums ansichtig zu werden. Darum bemüht sich die Neue Theologie.

H: Und dieser Kernansatz führt natürlich in vielfältigen Brechungen durch das ganze Gelände der Theologie. Wo sehen Sie den wichtigsten Punkt, den Sie dabei angehen wollen?

B: Der allerwichtigste Punkt ist die Neuentdeckung Jesu. Das ist für mich die eigentliche Mitte des Christentums. Es muß uns doch einmal klar werden, daß jede Religion ihr Existenzrecht einzig und allein von ihrer eigenen und spezifischen Schau des Gottesgeheimnisses herleitet. Das ist der Grund, um dessentwillen Religion überhaupt möglich ist, und das ist dann auch das Recht und das Privileg jeder einzelnen Religion. Nun stellt sich die Frage: Worin besteht das Proprium, also die spezifische Gottessicht des Christentums? Ist es derselbe Gott, wie ihn der Buddhismus wenigstens in Frage stellt, wie ihn Judentum und Islam meinen, oder ist es ein neuer Gott? Ich muß allerdings diese meine Bemerkung sofort vor einem Mißverständnis schützen: Selbstverständlich gibt es nur einen einzigen Gott, und selbstverständlich verehren im Grunde alle Religionen diesen Gott, aber es macht nach meiner Überzeugung einen elementaren Unterschied, wie dieser Gott gesehen wird, ob er so gesehen wird wie in allen anderen Weltreligionen. Dort ist Gott stets ein ambivalenter, ein zwischen Güte und Härte, zwischen Liebe und Zorn oszillierender Gott, bei dem man nie weiß, ob er, wenn er mir seine gütige Seite zuwendet, mich nicht doch wieder mit seiner Strafgerechtigkeit bedroht und ins Gericht zieht. Dieser Gott ist von Jesus überwunden worden, und es wird eine Aufgabe der Neuen Theologie sein, das endlich mit aller Deutlichkeit und vor allen Dingen, wie Sie ja mit Recht angemerkt haben, mit allen Konsequenzen ans Licht zu bringen.

H: Genau dieser Gedanke ist aber einer der großen Angriffspunkte von seiten verschiedener Fachkollegen. Sie sind der Meinung, das Gottesbild würde dadurch relativiert, es würde beliebig; die Menschen könnten tun, was sie wollen, es gäbe überhaupt keinen Anspruch mehr. Was würden Sie darauf erwidern?

B: Das ist ein Kummer, den ich mit Ihnen teile, lieber Herr Heinzmann, denn ich höre, daß es eine ganze Theologengruppe gegeben hat, die sich tagelang mit der sogenannten Dunkelseite Gottes befaßt hat, und daß ein Buch erschien, wonach – wie es im Titel heißt – das ungeliebte Thema des Zornes Gottes wieder ins Bewußtsein gehoben werden muß. Es gibt demnach eine breite Tendenz in der heutigen Theologie, daß endlich wieder der Gott der Strafe, der Gott des Gerichtes, der Gott des Zornes ins Bewußtsein gehoben werden müsse, weil nur er von den Menschen ernstgenommen werde. Was das rückbezüglich auf das Menschenbild bedeutet, das haben diese Kollegen ja wohl nie bedacht. Aber mir ist dabei noch etwas ganz anderes aufgefallen. Genau das, was diese Theologen heute vertreten, steht im „Antichrist“ von *Friedrich Nietzsche.* Zu Beginn dieser aggressivsten seiner Schriften fragt dieser: „Was wäre ein Gott, der nicht Haß, Zorn und Rache kennte? Man könnte ihn auf sich beruhen lassen und vergessen.“ Die Theologen, die diese Position vertreten, laufen somit ahnungslos in die längst von Nietzsche aufgestellte Falle. Das ist doch wohl eine ganz bedenkliche Entwicklung. Und bedenklicher erscheint es mir noch, daß es sich dabei um den Rücksturz in das vorjesuanische Gottesbild handelt.

H: Aber trotzdem ist zu fragen: Haben solche Kollegen nicht genügend Anhaltspunkte im Alten Testament, sogar im Neuen Testament, auf die sie sich beziehen können. Wie muß das Neue Testament verstanden werden, wenn all jene Stellen, die ähnlich klingen, in die richtige Perspektive kommen sollen?

B: Darauf gibt es eine ganz grundsätzliche Antwort: Die eigentliche Offenbarung des Christentums besteht nicht im Neuen Testament, sondern besteht in dem, um dessentwillen das Neue Testament überhaupt entstanden ist, und das ist Christus, der Sohn Gottes, der, nach einem Wort des Johannesevangeliums, vom Herzen Gottes gekommen ist, um uns unkundigen Menschen die Kunde von Gott zu bringen und uns über Gott aufzuklären. Wenn er vom Herzen Gottes kommt, kommt er vom Quellgrund der Liebe, und wenn er gesandt wird, um uns zu belehren, ist das ein Akt der Liebe. Wer mit einem anderen spricht, tut es ja eigentlich aus einem Impuls der Zuwendung und der Liebe heraus. Und das heißt, aus diesen zwei Gründen konnte Jesus nur eine Liebesbotschaft vorgetragen haben. Das Neue Testament ist nur der Niederschlag seiner Botschaft, ist das Ergebnis der Rezeption, das Ergebnis des Verstandenwerdens oder auch des Mißverständnisses. Und es ist jedermann, der sich mit neutestamentlichen Fragen beschäftigt, klar, daß die Urkirche auch Gelegenheit genommen hat, ihre eigenen Meinungen Jesus in den Mund zu legen. Deshalb muß die Mitte des Evangeliums wiedergewonnen und zum Leuchten gebracht werden.

H: Diese Überlegungen, Herr Kollege Biser, münden offenbar in eine Ihrer zentralen Thesen über das Christentum, nämlich daß das Christentum keine primäre Schriftreligion ist. Darüber soll dann in der nächsten Sendung gesprochen werden.

4. Unterscheidung des Christentums

H: Nach dem Verständnis der klassischen, traditionellen Theologie ist das Neue Testament das normative Grunddokument des Christentums. Es sei unter dem Einfluss des Geistes Gottes entstanden und deshalb irrtumsfrei. Wie läßt sich dieser Sachverhalt mit ihrer These, Herr Kollege Biser, das Christentum sei eine sekundäre Schriftreligion, vereinbaren? Wird damit nicht die Schrift zur Zweitrangigkeit degradiert?

B: In gewisser Hinsicht, ja! Aber das hat natürlich einen ganz konkreten Hintergrund, denn die Schriften der großen Religionen haben ganz unterschiedliche Bedeutung. Es gibt primäre Schriftreligionen, wie beispielsweise den Islam oder auch das Mormonentum. Davon muß das Christentum abgegrenzt werden, und das aus Gründen, die wir im weiteren Gespräch sicher noch klären werden.

Zunächst klingt das Ganze komplizierter als es ist. Es soll mit dieser These ja nur zum Ausdruck gebracht werden, daß das Christentum erst nachträglich zu einer Schriftreligion geworden ist; denn Jesus hat ja bekanntlich selber weder geschrieben noch irgendjemandem den Auftrag gegeben, seine Lehren und Weisungen aufzuzeichnen. Es muß also gezeigt werden, wie das Christentum trotz dieses anderen Verhaltens Jesu dann doch eine Heilige Schrift hervorgebracht hat.

Das hatte mehrere Gründe: Zunächst einmal gab es eine Heilige Schrift, die auch von den Christen benutzt wurde; das war das Alte Testament. Zum zweiten war das Christentum in den Kulturkreis der griechisch-römischen Literatur eingebettet, der ganz hervorragende Schriftwerke hervorgebracht hatte; es war sozusagen eine orale Insel in einer schriftlichen Welt. Das drängte von Haus aus darauf, daß ein Ausgleich herbeigeführt wurde.

Aber es kamen noch ganz andere Dinge hinzu, auf die *Martin Luther* hingewiesen hat. Er sagte: „Der Not gehorchend sind Bücher geschrieben worden." Das war „ein großer Abbruch" – wie er sich ausdrückt – und „ein Gebrechen des Geistes", denn das Evangelium ist von Haus aus mündliche Verkündigung, keine schriftliche Dokumentation. Das steht im krassen Gegensatz zu Islam und Mormonentum. Nach der islamischen Legende erscheint der Erzengel Gabriel dem Muhammed mit einem seidenen Tuch in der Hand, über und über beschrieben mit heiligen Zeichen – es ist der himmlische Koran. Und er preßt ihm dieses Tuch auf das Gesicht und befiehlt ihm zu lesen. Muhammed gesteht: Ich kann nicht lesen; er drückt noch stärker und das dritte Mal befiehlt er ihm im Namen des barmherzigen und allmächtigen Gottes zu lesen; und auf einmal kann er lesen. Nach einer anderen Tradition diktiert der Erzengel Muhammed den Text, der ihn alsdann niederschreiben läßt. So entsteht der Koran als primäre Schriftreligion. *Joseph Smith,* der Begründer des Mormonentums, bekommt durch den Engel Mormon die goldenen Platten mit der Aufzeichnung des Heiligen Buches. Auch das ist der Fall einer primären Schriftreligion. Das Christentum ist es erst in sekundär-nachträglicher Weise geworden.

Wenn wir jetzt noch einmal zurückblenden dürfen auf das Lutherwort von der Not, die zur Abfassung der neutestamentlichen Schriften führte, so stellt sich die Frage: Worin bestand diese Not? Sie bestand zunächst einmal im Wegsterben der Augenzeugen, welche die Botschaft Jesu aus seinem Mund übernommen hatten. Sie konnten nicht mehr befragt werden. Um das Ganze gegen Irrtum, Verfälschung und Verlust zu sichern, mußte es deshalb dokumentiert werden. Aber dann gab es noch eine zweite Not, das war das machtvoll expandierende Missionsfeld des Apostels Paulus. Paulus konnte beim Auftreten von Schwierigkeiten nicht sofort zu den einzelnen Gemeinden reisen. Statt dessen benutzte er das damals modernste Medium schriftlicher Kommunikation und schrieb ihnen einen Brief. Und aus dem Grundstock der Paulusbriefe entwickelte sich dann das Neue Testament als Urkunde einer sekundären Schriftreligion.

H: Damit ist natürlich über den Charakter dieser Schrift Entscheidendes ausgesagt, das heißt, die gängige Redensart, das Neue Testament sei das Wort Gottes – in der Liturgie hören wir das ständig –, kann so wohl nicht richtig sein! Es muß also, wie Sie an anderer Stelle gesagt haben, von Christus her gelesen werden, nur dann kommt es zu seiner eigentlichen Aussage. Das aber hat wiederum eine praktische Konsequenz: Kann der einfache Christ ohne irgendeine Anleitung das Neue Testament lesen?

B: Er kann es; er muß sich nur einmal vergegenwärtigen, worauf das Neue Testament zurückgeht. Es geht zurück auf Jesus Christus, der nach christlichem Verständnis der Gesandte Gottes war, sogar der menschgewordene Gott, der am Herzen der Vaters die Kunde vernommen und sie an die Menschen weitergegeben hat. Das Neue Testament ist nach meinem Verständnis die authentische Dokumentation dieser Botschaft. Das heißt, in diesen Schriften, und nur in ihnen, liegt die Authentizität der Botschaft vor. Das heißt aber nicht, daß sich darin nicht auch menschliche Implikationen finden. Die Botschaft konnte ja nur so aufgeschrieben werden, wie sie verstanden worden ist, und es gibt nirgendwo eine Garantie dafür, daß sich in dieses Verständnis der Urkirche nicht auch Mißverständnisse eingeschlichen haben. Im Gegenteil: Im Evangelium beklagt sich Jesus oft und oft über das unzulängliche Verständnis seiner Jünger. Wenn das aber am grünen Holz geschah, wie sollte es dann am dürren Holz der nachfolgenden Generation besser werden?

Und deswegen meine Idee für den einfachen Bibelleser: Er muß Jesus als leibhaftigen Schlüssel an jeden Satz des Neue Testaments herantragen. Das ist das von Gott selbst gegebene Korrektiv, das ist wissenschaftlich ausgedrückt das originäre Interpretament. Wenn das geschieht, dann erlebt der Bibelleser ein kleines Wunder: Stellen, die ihn irritiert haben, Stellen, die ihn bedroht haben, Stellen, die ihn in Angst und Schrecken versetzt haben, verblassen, aber andere Stellen, über die er hinweggelesen hat, die ihm fast bedeutungslos erschienen, beginnen plötzlich zu leuchten. Und er begreift sie als die zentralen Aussagen der Botschaft Jesu. Ich möchte das an einem Beispiel erläutern. Der bereits erwähnte dänische Existenzdenker *Kierkegaard* las am Sockel der Christusstatue in der Frauenkirche von Kopenhagen das Wort: „Kommt her zu mir, ihr Mühseligen und Beladenen; ich will euch aufrichten." Obwohl er im Zweifel war, ob es sich dabei um ein originäres Jesuswort handelt, war er doch davon überzeugt, daß Jesus mit der stillen Beredsamkeit seines Lebens und Verhaltens nie etwas deutlicher zum Ausdruck brachte als dieses Wort. Und er baute darauf sein großartiges Jesusbuch auf, die „Einübung im Christentum".

H: Das bedeutet aber, daß der Anspruch von der Irrtumsfreiheit nur unter diesem Aspekt gesehen werden darf. Und damit scheint mir auch jeder Versuch, einen Schriftfundamentalismus zu begründen, von vornherein als unmöglich erwiesen. Sie haben in Ihrer Charakterisierung des Christentums einen zweiten Gedanken vorgetragen, der außerordentlich wichtig und zugleich nicht selbstverständlich ist: Sie sagen, das Christentum sei keine asketische Religion. In unserem traditionellen Verständnis spielt die Askese im Christentum eine sehr zentrale und zum Teil geradezu dominierende Rolle. Was ist dazu zu sagen?

B: Noch einmal dasselbe wie im ersten Fall. Im ersten Fall ging es um die Abgrenzung des Christentums vom Islam. Ein Thema, über das angesichts des schwierigen Verhältnisses zu dieser Weltreligion sorgfältig nachgedacht werden muß. Im zweiten Fall geht es um die Abgrenzung vom Buddhismus.

Wir befinden uns hier in der Bibliothek von *Romano Guardini*. Guardini war der Meinung, daß die große Auseinandersetzung des Christentums mit anderen Weltreligionen im Zeichen des Konflikts mit dem Buddhismus stehe; der Buddhismus übt ja tatsächlich eine wachsende Faszination auf viele Christen aus. Man könnte darüber nachdenken, warum? Vermutlich, weil nach Ansicht vieler nach Spiritualität verlangender Christen, die

Kirchen den großen Schatz der Mystik unter Verschluß gehalten haben, und weil sie von der Kirche das nicht zu bekommen meinen, was sie ersehnen und benötigen. Das reiche Meditationsangebot des Buddhismus ist wohl der Hauptgrund, weswegen *Guardini* die Auseinandersetzung mit dem Buddhismus als zentrale Zukunftsaufgabe des Christentums ansah. Inzwischen haben sich die Zeitverhältnisse signifikant geändert. Der 11. September 2001 hat den Islam in einer vorher ungeahnten Weise in den Vordergrund gerückt. Nun geht es darum, auch zu ihm trotz dieses Traumas ein konstruktives Verhältnis zu gewinnen.

Doch zunächst noch ein Wort zum Buddhismus. Der Buddhismus zeichnet sich durch eine anthropologische Kühnheit aus. Er versucht, die Konfliktbereitschaft des Menschen und damit die Wurzel aller Auseinandersetzungen, aller Feindschaften und Kriege dadurch zu beseitigen, daß er dem Menschen die Gier abgewöhnt, die Gier zu erkennen, die Gier zu gelten, die Gier zu besitzen, die Gier nach Lust und Gewinn; und schließlich sogar die Gier nach sich selbst. Das erreicht er im Nirvana. Ziel der buddhistischen Meditation ist der Zustand der absoluten Bewußt- und Wunschlosigkeit; wenn der Mensch dorthin geführt wird, hört er auf, ein konfliktbereites und aggressives Wesen zu sein. Das ist zweifellos ein unglaublich kühner Versuch, die zwischenmenschliche Problematik zu lösen.

Die christliche Askese, auf die Sie mich angesprochen haben, verfolgt eine ganze andere Strategie. Diese Strategie besteht nicht in dem Versuch, menschliche Triebe und Leidenschaften zu unterdrücken, sondern in dem gegenteiligen Bemühen, alle Kräfte auf das vom Evangelium vorgegebene Hochziel zu konzentrieren und alles abzustoßen, was von diesem Ziel abhält. Das ist der kathartische Sinn der christlichen Askese, der komplette Gegensatz zur buddhistischen.

H: Das würde aber bedeuten, daß die Praxis der Askese im Laufe der Geschichte des Christentums keineswegs in dem von Ihnen dargelegten Sinne verlaufen ist, sondern daß sie in der Tat zum Teil zur Selbstzerstörung des Menschen beigetragen hat. Und nun noch ein weiterer Schritt: Sie sprechen davon, das Christentum sei keine moralische Religion – das klingt zunächst sehr provozierend –, aber Sie fügen gleich hinzu: Es hat eine Moral. Damit ist wiederum das Ganze des Christentums betroffen. Und wiederum fällt ein völlig neues Licht auf das Christentum als Religion, wenn man überhaupt vom Christentum als Religion sprechen will.

B: Das ist zweifellos richtig, aber diese moralische Abgrenzung ist wiederum notwendig, und zwar im Blick auf das Judentum. Das Judentum ist eine genuin moralische Religion. Dem Juden ist das Gesetz Gottes in die Hand gegeben, und es ist seine Berufung und seine Auszeichnung, daß er Tag und Nacht über dieses göttliche Gesetz nachdenken kann, um ihm immer neue Wegweisungen und Direktiven entnehmen zu können. Das Gesetz ist für das Judentum zentral, für das Christentum ist es sekundär. Und das heißt, wir müssen sehen, wo das Schwergewicht des Christentums liegt, und das liegt für mich in der Mystik. *Karl Rahner*, der heute neu entdeckt werden müßte, hat sich von seinem großen Lebenswerk mit dem Satz verabschiedet: „Der Christ der Zukunft wird ein Mystiker sein, oder er wird überhaupt nicht sein." Das war für mich der Anlass, diese Grenzziehung zu vollziehen und zu sagen: Das Christentum ist keine moralische, sondern eine mystische Religion. Das heißt selbstverständlich, daß das Christentum sehr wohl eine Moral hat; indessen besteht die Ironie darin, daß das Christentum sich seiner wirklichen Moral noch gar nicht voll bewußt geworden ist. Es praktiziert eine Moral der Abgrenzung, aber nicht der Immunisierung – das wäre erst die eigentliche Moral: Dem Menschen muß ein Prinzip eingestiftet werden, das ihn zum Denken, zum Ansinnen und zum Wollen des Bösen unfähig macht. Erst wenn das einmal ans Licht gebracht ist, ist die Rolle der Moral im Christentum wirklich geklärt.

H: Damit sind Linien abgesteckt, von denen aus in einem weiteren Gespräch das Verhältnis zu den anderen Weltreligionen ausführlicher erörtert und vertieft werden kann.

5. Verhältnis der Weltreligionen zueinander

H: Zu den besonders heiklen und sehr kontrovers diskutierten Problemen heutiger Theologie zählt die Frage nach dem Verhältnis der Religionen zueinander. Der Stellung des Christentums kommt dabei naturgemäß besondere Bedeutung zu. Drei Grundthesen haben sich herausgebildet: Die eine, der sogenannte Inklusivismus, ist der Überzeugung, daß vom Christentum alles umschlossen wird. Diese These geht zurück auf *Karl Rahner*, näherhin auf seine Rede von den anonymen Christen. Die andere Position, der Exklusivismus, vertritt das genaue Gegenteil. Er grenzt alles andere aus, es gibt keine verbindende Diskussion. Und schließlich die dritte Position, die sogenannte plurale Religionstheorie: die Pluralität der Religionen. Alle Religionen stehen mehr oder weniger gleichwertig nebeneinander. Welche Perspektive eröffnet sich aus der Sicht Ihrer Theologie, Herr Kollege Biser, auf diese fundamentale Problematik des Verhältnisses der Weltreligionen zueinander?

B: Die Antwort kommt aus dem Zweiten Vatikanischen Konzil, denn dieses Konzil hat sich zu dem Prinzip des Dialogs durchgerungen. In der Konsequenz dessen müssen auch die Weltreligionen zueinander in eine dialogische Beziehung treten. Im Zug dieses Dialogs muß sich dann herausstellen, ob das erste zutrifft, daß das Christentum die anderen Religionen einschließt, ob das zweite zutrifft, daß gar kein Dialog möglich ist, oder ob das dritte zutrifft, nämlich daß alle im Grunde ein und dasselbe sind und daß von daher kein Dialog nötig ist. Ich meine, wir müssen Schritt für Schritt zeigen, wie sich dieser Dialog gestaltet.

Der erste Schritt betrifft selbstverständlich jene Religion, die eine anhaltende Faszination auf viele Christen ausübt, also den Buddhismus, den wir als eine primär asketische Religion bestimmten. Der mit ihm aufzunehmende Dialog müßte sich daher auf das buddhistische und christliche Verständnis von Askese beziehen, das ich nun nochmals mit der These ins Visier nehmen möchte, daß Askese immer nur als Hilfsstrategie, niemals aber um ihrer selbst willen geübt werden darf. Im Grunde ist alles mit der These gesagt, daß das Christentum keine asketische, sondern eine therapeutische Religion ist. Der Buddhismus erhebt die Askese zum Selbstzweck; für das Christentum ist sie ein Mittel, dem Menschen zur Erreichung seines Hochziels zu verhelfen. Deswegen endet die buddhistische Askese im Nirvana, während die christliche dem Hochziel der Gotteskindschaft entgegenführt. Dabei handelt es sich um den noch viel zu wenig ins allgemeine Bewußtsein gelangten Spitzenbegriff der christlichen Anthropologie. Auch zu dieser Erkenntnis könnte *Nietzsche* verhelfen, der zu Beginn seines „Zarathustra“ verdeutlichte, daß Kindsein nichts mit Infantilisierung, wohl aber mit der vollkommenen Selbstidentifikation des Menschen zu tun hat.

H: Wenn der Buddhismus im Grunde genommen in seinem Kern die Aufhebung der personalen Identität anstrebt, läßt sich dann dieser Gedanke in irgendeiner Weise mit dem Christlichen vereinbaren, wo es doch im Christentum ganz entschieden um den konkreten, einzelnen Menschen und nicht um die Menschheit geht?

B: Das ist selbstverständlich eines der ganz zentralen Probleme. Ich bin auch der Meinung, daß das Christentum im buddhistisch-asiatischen Kulturkreis deswegen relativ erfolglos geblieben ist, weil hier zwei Grundkonzeptionen des Menschseins einander diametral gegenüberstehen. Dem Buddhismus geht es – wie wir gesehen haben – um die Auflösung und Auslöschung der menschlichen Individualität, dem Christentum dagegen um deren Erhebung und Optimierung. Nach meinem Verständnis gibt es trotzdem eine Begegnung, die allerdings erst dann begriffen werden kann, wenn wir die Mystik einbeziehen. Im Christentum geht es um einen Identitätsgewinn, der sich über alles erhebt, was in diesem Zusammenhang im neuzeitlichen Denken ans Licht gehoben worden ist. Dort geht es im Grunde um eine Selbstsetzung. Im Christentum heißt es: „Ich lebe, doch nicht ich, Christus lebt in mir." Und das heißt, daß hier die menschliche Individualität zurückgenommen werden muß, damit das göttliche Über-Ich des uns einwohnenden Christus zur Vorherrschaft gelangen kann. Hier ist nach meinem Verständnis eine Berührungsmöglichkeit mit der buddhistischen Meditationsform gegeben, sofern es darin um einen Nachvollzug des Buddhaseins geht.

H: Könnte das Ganze nicht auch so gedacht werden, daß die Menschen nach christlichem Verständnis ihre Individualität nicht zurücknehmen müssen, daß diese vielmehr zu ihrer letzten Vollendung geführt wird und dadurch die personale Identität das Zentrum des Christentums bildet? Was den Buddhismus betrifft, bin ich der Meinung, wir müßten alle unsere Diskussionen über solche Religionen unter den Vorbehalt stellen, daß wir zu wenig Erfahrungen haben und zu wenig wissen, was dort eigentlich und wirklich gemeint ist. Wir haben wahrscheinlich von unserem abendländischen Denken her Sperren, die uns den Zugang einfach nicht ermöglichen.

B: Das ist auch meine Meinung: Wir haben im Abendland die reflektierende Vernunft bis zu ihrer Höchstform entwickelt. Solche Entwicklungen gehen aber stets mit Einbußen einher. Transrationale Formen der Einfühlung und Verbundenheit bleiben auf der Strecke und verkümmern. Allenfalls spielen sie dann im Bereich der Parapsychologie noch eine Rolle. Im asiatischen Raum sind aber gerade diese Formen kultiviert worden. Der Faszination des Buddhismus liegt, so gesehen, womöglich die Sehnsucht nach diesen verlorenen Möglichkeiten zugrunde. Auf diesem schwer erkundbaren Feld könnte sich daher eine Begegnung des Christentums mit der asiatischen Denkwelt anbahnen.

H: Wie steht es nun mit den monotheistischen, nicht-christlichen Religionen?

B: Meine schon wiederholt vorgetragene These lautet: Das Christentum ist im Vergleich zum Judentum und in gewisser Hinsicht auch zum Islam keine moralische, sondern eine mystische Religion. Für das Judentum ist Gott in erster Linie ein Gesetzgeber, der sein Volk mit der Mitteilung seines Willens im Gesetz des Dekalogs beschenkt hat. Es ist der Vorzug des Juden, diesem Gesetz stets tiefere Einsichten und förderlichere Direktiven entnehmen zu können.

Das Christentum hat im Vergleich damit eine andere Auffassung von Moral. Die Moral im Christentum ist zwar zunächst einmal auch die der Normen und der Direktiven, der Gesetze und Verbote, aber kein Geringerer als Paulus hat gewußt: Wenn ich das Gebot nicht gekannt hätte, hätte ich auch nie die Neigung empfunden, es zu übertreten. Daher ist die Gebots- und Verbotsmoral nur bedingt effektiv. Es gibt aber nach demselben Paulus einen ganz anderen Weg zur Moralität des Menschen. Wie wir uns bereits klar gemacht haben, besteht er darin, dem Menschen ein Prinzip einzustiften, das ihn zum Ansinnen und Antun des Bösen unfähig macht: Es ist das Prinzip Liebe, das, in die augustinische Maxime gebracht, lautet: „Dilige, et quod vis fac" – „liebe, dann kannst du tun, was du willst", denn dann kannst du dem anderen nur noch beistehen und helfen. Gerade darin erweist sich das Christentum als eine im Grunde mystische Religion. In christlicher Sicht ist die Liebe keine Idee, sondern eine Person: die Person, und zwar des Stifters, der im Vergleich zu anderen Religionsstiftern nicht in die Vergangenheit abgesunken ist, sondern als „lebendigmachender Geist" – wie sich Paulus ausdrückt – in den Herzen der Seinen auf- und fortlebt. Seine Liebe drängt und bewegt sie zum Guten. Deshalb muß die Lehre vom Fortleben Christi in den Herzen der Seinen, die nach dem Münchener Fundamentaltheologen *Gottlieb Söhngen* in Vergessenheit geraten ist, dieser entrissen und neu zum Vorschein gebracht werden.

H: Über dieses Problemfeld wird sicher an anderer Stelle noch zu sprechen sein. Aber jetzt müssen wir doch noch einige Sätze zum Islam sagen. Wie verhält er sich in der Sicht Ihrer theologischen Konzeption zum Christentum?

B: Der Islam stand zum Christentum zunächst einmal in einem extrem polemischen Verhältnis. Bekanntlich hat er seinen Siegeszug als Schwertreligion angetreten und dem Christentum riesige Bereiche entrissen. Wenn man sich aber in die Ideenwelt des Islam etwas tiefer versenkt, wird man erkennen: Der Islam ist von Haus aus keine Schwertreligion, sondern – wie der Name schon sagt – eine Religion des Friedens, wenngleich er seinen Siegeszug als Schwertreligion begonnen hat. Vor allem aber ist er eine Religion des Buches. Deswegen haben auch die „Buchleute", wie Muhammed Juden und Christen bezeichnet, im Islam eine gewisse Tolerierung erfahren. Hier muß dann selbstverständlich angeknüpft werden.

Die Zeitverhältnisse haben es mit sich gebracht, daß das Verhältnis zum Islam plötzlich in eine extreme Spannung geraten ist. Der Islam wird verteufelt, und wer in dieser Weise fortfährt, stürzt die Welt früher oder später in eine Katastrophe. Der Islam umfaßt annähernd eine Milliarde von

Menschen und Anhängern, die ihm zum Großteil mit vorbildlicher Treue anhängen; deswegen müssen wir zum Islam ein dialogisches Verhältnis aufbauen, so schwierig es ist. Man muß natürlich noch etwas anderes bedenken: Der Islam ist im Verhältnis zum Christentum eine über 600 Jahre jüngere Religion. Er befindet sich, wenn man es lebensgeschichtlich ausdrücken will, sozusagen in der Adoleszenz. Auch im Menschenleben sind Jugendliche geneigt, über die Stränge zu schlagen und sich polemisch mit anderen auseinanderzusetzen. In dieser Phase steckt der Islam immer noch. Was ihm fehlt, ist das, was das Christentum zwar auch zu seinem Schaden, vor allem aber zu seinem Nutzen hervorgebracht hat: die Aufklärung. Deswegen ist der Dialog mit dem Islam nach meinem Verständnis essentiell an die Frage gebunden, ob es gelingt, dem Islam zu einer Aufklärung zu verhelfen. Wenn es gelänge, würden beispielsweise Dinge geklärt werden, die bis auf den heutigen Tag noch sehr kontrovers diskutiert, vielleicht noch gar nicht richtig gesehen werden. Dann würde der Islam erkennen, daß der Koran, so sehr er nach seinem Verständnis vom Himmel gefallen und von Gott eingegeben ist, eben doch auch Menschenwerk ist, wie es anders gar nicht sein kann. So ist ja auch das Christentum durch die Aufklärung zum besseren Verständnis seiner eigenen Dokumentation, also der neutestamentlichen Schriften, gekommen. Das müßte auch im Islam stattfinden; dann würde sich das Verhältnis dialogisch und am Ende sicher auch friedlich gestalten. Das wäre das Ziel.

H: Um Mißverständnisse zu vermeiden, muß abschließend gesagt werden, daß von all diesen Fragen die Frage nach dem Heil des je einzelnen Menschen nicht berührt wird. Das heißt also: Selbst wenn das Christentum in seinem Selbstverständnis eine Superiorität beansprucht, ist damit nicht gesagt, daß Nichtchristen vom Heil ausgeschlossen wären.

B: Für den Christenglauben steht fest: Wenn Gott sich offenbart, ist es ein Akt der Liebe. Und Liebe ist nie exklusiv. Sie kann sich im Menschenleben zwar vorwiegend auf einen Einzelnen richten, aber sie schließt im Grunde immer alle ein, und vor allen Dingen: sie schließt niemanden aus. Wenn Gott sich offenbart, geht das an die Adresse der ganzen Welt; deshalb richtet sich auch die christliche Offenbarung tendenziell an alle Menschen und an jeden einzelnen von ihnen. Das muß gesehen werden, wenn es zu einem konstruktiven Verhältnis der Weltreligionen kommen soll.

6. Auferstehung – Dreh- und Angelpunkt des Christentums

H: Die Einsicht, daß das Christentum nur eine sekundäre Schriftreligion ist, ist überzeugend. Gleichzeitig stellt sich die Frage: Wo ist nun das „primum movens", der eigentliche Ursprung, der eigentliche Anstoß dafür, daß es zu einem solchen sekundären Niederschlag kommen konnte? Allein die historische Gegebenheit des Jesus von Nazareth scheint doch dafür nicht auszureichen.

B: Sie reicht ganz gewiß nicht aus, denn zu der am besten bezeugten Tatsache des Lebens Jesu gehört sein Tod am Kreuz. Es war, wie die Historiker der alten Zeit gesagt haben, die „turpissima mors crucis", die er erlitten hat, den entsetzlichsten Kreuzestod, der nur Sklaven und Hochverrätern zugewiesen war. Er war also durch diesen Tod dem ersten Anschein nach total gescheitert. Außerdem lastete auf ihm aus jüdischer Sicht der Fluch Gottes, denn im Alten Testament steht der furchtbare Satz: „Verflucht sei jeder, der am Holze hängt." Jesus schien also in politischer, geistiger und religiöser Hinsicht vollkommen widerlegt und geächtet zu sein. Ohne daß jetzt etwas Grundstürzendes geschehen wäre, wäre das Christentum nie zu seiner gegenwärtigen Bedeutung gelangt, denn niemandem wäre es eingefallen, den Gedanken, Ideen, Lehren und Direktiven dieses total Gescheiterten nachzugehen und all dies am Schluß noch zu sammeln und Evangelienschriften zu verfassen.

Es muß also ein mächtiger Anstoß dazugekommen sein, und der bestand in seiner Auferstehung. Kurz nach dem Tod Jesu treten Frauen und Männer mit der ungeheuerlichen Aussage auf: „Ich habe den Herrn gesehen!" Er ist nicht im Tod geblieben. Er lebt! Er ist mitten unter uns! Das hat natürlich einen vollkommenen Perspektivenwechsel nach sich gezogen. Der scheinbar Gescheiterte war gerade nicht gescheitert, sondern hat auf eine geheimnisvolle Weise am Kreuz seinen größten Triumph erlebt. Der scheinbar von Gott Verfluchte war keineswegs verflucht; vielmehr hat Gott ihm – wie es dann bei Paulus heißt – „einen Namen gegeben, der über allen Namen ist, so daß im Namen Jesu jedes Knie sich beugen muß, im Himmel, auf Erden und unter der Erde, und jede Zunge bekennen muß: Er ist der Herr". Das hatte natürlich eine ungeheure Rückwirkung. Alles, was man jetzt noch von ihm in Erfahrung bringen konnte, war von höchster Bedeutsamkeit. So entstanden die Kollektionen seiner Worte und Weisungen, unter ihnen das als Logienquelle bekannte Spruchevangelium und auf dessen Grundlage die Evangelien.

Das muß gesehen werden und es wurde auch aufs deutlichste von dem amerikanischen Exegeten, *James M. Robinson*, so gesehen, der dieses Spruchevangelium als das literarische Osterwunder bezeichnete. Das heißt dann folgerichtig: Wer das Neue Testament in Händen trägt, der besitzt die literarische Verifikation der Tatsache, daß Jesus auferstanden ist; denn ohne Auferstehung hätte es dieses Buch niemals gegeben. Doch das hat nach meinem Verständnis auch eine eminente Rückwirkung. Das besagt: Dieses Buch ist imprägniert von der Auferstehung Jesu. Auch die Dinge, die scheinbar ganz alltäglich sind, sind insgeheim vom Osterlicht beleuchtet. Das gilt vor allen Dingen für die Ereignisse des Lebens Jesu, vor allem aber für die Gottesentdeckung Jesu.

H: Damit ist das Verhältnis zwischen den Evangelien und dem Grundereignis, dem sich diese Schriften verdanken, geklärt. Nun hat aber zu allen Zeiten die Frage nach der Auferstehung oder Auferweckung Jesu dem Denkvermögen und der Vorstellung der Menschen außerordentlich große Schwierigkeiten bereitet, so daß es zahllose Theorien darüber gibt. Ich denke, man könnte vielleicht einfach das Ganze auf den Satz reduzieren: Er lebt. Würde damit nicht das Entscheidende gesagt sein?

B: Nach meinem Verständnis sehr wohl; denn all das, was in diesen Ostergeschichten gesagt wird, ist eigentlich nur eine Umschreibung dieses einen Tatbestandes: daß Jesus im Unterschied zu allen anderen Religionsstiftern nicht in die Vergangenheit abgesunken, kein Vergangener und Abwesender ist, sondern einer, der mitten in seiner Glaubensgemeinschaft lebt und darüber hinaus sogar in der ganzen Welt gegenwärtig ist. Die Auferstehung Jesu läßt sich in der Tat in diesen einen Satz zusammenfassen: Der am Kreuz Gestorbene lebt, und er lebt in den Seinen weiter.

H: Von hier aus eröffnet sich dann auch eine völlig neue Perspektive auf die Lebensgeschichte Jesu, vor allen Dingen auch auf die Kindheitsgeschichten und damit auf das Grundproblem der Inkarnation, der Menschwerdung. Wie stellen sich die angesprochenen Ereignisse aus der Sicht der Auferstehung dar?

B: So wie ich es vorhin schon angedeutet habe: Alles steht im Osterlicht, die Engel von Bethlehem und der Lichtglanz, der sie umflutet. Auch der Kerngedanke der Kindheitsgeschichten, die Jungfräulichkeit Mariens, muß als Konsequenz aus der Auferstehung Jesu begriffen werden. Die Auferstehung Jesu strahlt gleichsam auf die Mutterschaft Mariens zurück, deswegen ist Jungfräulichkeit keine physiologische Aussage, sondern – wie der Grazer Theologe *Karl-Matthäus Woschitz* gesagt hat – ein Würdeprädikat. Das gilt erst recht von der eigentlichen Lebensleistung Jesu. Jetzt aber muß erst einmal gesehen werden, worin diese Lebensleistung bestand, denn sie ist der Kern des Christentums.

Sie ist – um es anders auszudrücken – die Mitte, die von der Neuen Theologie unter allen Umständen erschlossen und ans Licht gehoben werden muß. Wie früher schon gesagt wurde, stand das Christentum lange Zeit im Bann der Gewalt. Gewalt aber ist das diametral entgegengesetzte Prinzip zu dem, was Jesus gelebt, gewollt und getan hat. Er ist die Inkarnation der Gewaltlosigkeit, wenn man so sagen darf. Solange man in der Kirche Gewalt geübt oder auch nur billigend hingenommen hat, konnte die Mitte des Christenglaubens nicht voll erschlossen werden. Nachdem die Kirche jedoch im Zweiten Vatikanum in aller Form der Tradition der Gewalt abgeschworen und den Dialog zum Prinzip der Auseinandersetzung und der Begegnung erhoben hat, ist eine völlig neue Sachlage entstanden. Jetzt können wir zurück zur Mitte des Evangeliums, und jetzt stellt sich selbstverständlich die Frage: Was hat uns diese Mitte zu sagen? Worin besteht sie? Dabei geht es um die Frage nach der Gottesentdeckung Jesu.

H: Das besagt: Ohne das Festhalten an der Auferstehung kann es kein Christentum geben. Und der Versuch, den man ja heute immer wieder antreffen kann, die Auferstehung zu marginalisieren oder völlig auszuschalten, bedeutet, das Christentum aufzugeben.

B: Das kann ich nur unterstreichen. Ich halte das für das eigentliche Verhängnis der gegenwärtigen Glaubenssituation, daß sogar in theologischen Kreisen beider Konfessionen diese Marginalisierung stattfindet und daß man den Eindruck erweckt, daß wir ohne die Auferstehung von Jesus alles Wesentliche gewußt haben könnten. Ich habe vorhin deutlich zu machen versucht, daß das völlig ausgeschlossen ist. Ich wiederhole mich noch einmal: Den Lehren eines derart radikal Gescheiterten und schließlich von Gott Verfluchten hätte doch kein Mensch die mindeste Bedeutung geschenkt, wenn er nicht auferstanden wäre. Die Auferstehung ist die „conditio sine qua non“, der einzig einleuchtende und durchschlagende Grund, daß es das Christentum überhaupt gibt! Deswegen nun die Frage nach dem, was die Auferstehung von der Lebensgeschichte Jesu ans Licht hebt, und das ist die Frage nach dem Gottesbild Jesu.

H: Das wäre zugleich das zentrale Unterscheidungsmerkmal gegenüber allen anderen Religionen, nämlich das Verständnis Gottes. Wenn ich das richtig verstehe, hat sich dieses Gottesverständnis im Vollzug des Lebens Jesu entwickelt. Es kommt wohl erst in seinem Tod zum endgültigen Durchbruch.

B: Das ist auch meine Meinung, denn selbstverständlich muß endlich der Grundsatz des Christentums „vere Deus et *homo*" – „er ist ebenso wahrer Gott wie wahrer *Mensch*" – ernst genommen werden. Zum wahren Menschsein aber gehört eine Bewußtseinsentwicklung. Zum wahren Menschsein gehört der Weg des Menschen zu sich selbst, der über Fragen, vielfach auch über Zweifel hinwegführt. Wenn man unvoreingenommen in die Lebensgeschichte Jesu, wie sie von den Evangelien dargestellt wird, hineinschaut, sieht man das vollauf bestätigt. Er mußte Fragen stellen, er hatte Zweifel. Er zweifelte sogar an seiner Identität. Er muß an die Jünger herantreten mit der Frage: „Wißt ihr, wer ich bin?" Und dann diese großartige Szene im Matthäusevangelium, wo sich Petrus ein Herz nimmt und ihm sagt: „Du bist Christus, der Sohn des lebendigen Gottes!", und wo das von Jesus geradezu enthusiastisch aufgenommen wird: „Selig bist du, Simon, Sohn des Jonas, nicht Fleisch und Blut haben dir das geoffenbart, sondern mein Vater, der im Himmel ist." Aus dem Mund des Freundes hat er die Stimme Gottes vernommen, die ihm schon bei der Taufe zugesichert hat: „Du bist mein vielgeliebter Sohn." Die Lebensgeschichte Jesu geht somit über Brüche und über Fragen und Zweifel hinweg zur definitiven Klärung, die – wie Sie bereits gesagt haben – ihren endgültigen Zielpunkt erst im Tod erreicht hat. Deswegen wird man über den Tod Jesu immer wieder neu nachdenken müssen.

H: Diese Problematik ist geeignet, uns noch einmal die Differenz zwischen der klassischen, traditionellen Theologie und Ihrem Ansatz bewußt zu machen. Was Sie, Herr Kollege Biser, im Anschluß an das Neue Testament über das Verhältnis Jesu zu seinem Vater, dem lebendigen Gott, dargelegt haben, bringt die klassische Dogmatik auf den Begriff: Sie spricht von der „hypostatischen Union". Gemeint ist damit, daß die menschliche Natur Jesu in die Einheit der zweiten göttlichen Person aufgenommen ist, so daß die eine göttliche Person des Logos die göttliche und die menschliche Natur als ihr eigen besitzt. Auch wenn man diesen Sachverhalt – wie geschehen – mit deutschen Worten formuliert, läßt er sich ohne genaue Kenntnis des zugrundeliegenden Denkmodells griechischer Metaphysik weder verstehen noch vermitteln. Darin zeigt sich exemplarisch die Dringlichkeit und die Notwendigkeit, die Kategorien der traditionellen Dogmatik auszutauschen und die Inhalte neu zu überdenken und auf eine heute verstehbare Weise zur Sprache zu bringen.

B: Schon in den Paulusbriefen gibt es eine dem nahekommende Aussage: Die sogenannte Präexistenzaussage. Da erklärt Paulus der Gemeinde von Korinth: „Wir haben nur einen Gott, durch den alles ist und für den alles ist; und wir haben nur einen Herrn Jesus Christus, durch den alles ist und durch den auch wir sind“ (1 Kor 8,6). Die Paulusschule hat das dann zu dem Satz fortentwickelt: „Alles ist in ihm geschaffen, das Sichtbare und das Unsichtbare, Engel, Mächte und Gewalten. Alles ist für und durch ihn geschaffen und das All hat in ihm Bestand.“ Das ist im Grunde doch das, was mit der hypostatischen Union gemeint ist, und es wäre selbstverständlich eine Hilfe, dieses Dogma auf neue Weise verständlich zu machen.

H: Sie haben mit großem Nachdruck auf die Dimension des Menschseins in Jesus Christus hingewiesen. Um diesen Aspekt richtig zu fassen, müssen wir uns in einem nächsten Gespräch die Frage stellen: Was ist eigentlich der Mensch? Die Antwort eröffnet den angemessenen Zugang zum Christusgeheimnis.

7. Mensch, wo bist Du?

H: Das Christentum ist eine Offenbarungsreligion. Offenbarung an sich gibt es aber nicht. Der Adressat der Offenbarung gehört wesentlich dazu. Das heißt: Wenn man über das Christentum reden will, muß man auch vom Menschen sprechen; denn ein Wort, das nur gesprochen, aber nicht vernommen wird, ist kein Wort, sondern bestenfalls ein Geräusch. Eine zentrale Rolle nimmt deshalb im Gang unserer Überlegungen die Frage ein: Was ist der Mensch? Es ist daher auch kein Zufall, daß in Ihrem Lebenswerk der Mensch an zentraler Stelle steht. Wenn ich frage: Was ist der Mensch, ist im Grunde genommen schon eine Fehlentscheidung impliziert, denn ich frage im Geist der griechischen Philosophie und damit in einer Denkrichtung, die nicht kompatibel ist mit den christlichen Grundgegebenheiten. Ich muß fragen: Wer ist der Mensch? Und Sie spitzen die Frage noch einmal zu und fragen: Wo ist der Mensch?

B: Das hat seinen guten Grund. Zunächst aber möchte ich Ihrer These zustimmen, wonach im Christentum jeder Satz über Gott auch etwas über den Menschen aussagt. Beide gehören dazu: Zu dem, der sich mitteilt, gehört der, der diese Mitteilung aufnimmt. Und deswegen stellt sich diese Frage. Seit 2500 Jahren lautet sie so, wie eben von Ihnen thematisiert: Was ist der Mensch? Sie haben jedoch sofort hinzugefügt, daß das nach meiner Konzeption nicht die richtige Fragestellung ist. Ich möchte aber doch auch dieser Frage Gerechtigkeit widerfahren lassen. Sie beginnt, höchst aufschlußreich, mit dem Ödipus-Mythos. Da kommt Ödipus in seine spätere Königsstadt Theben; doch am Stadtrand lauert die Sphinx, die jedem Vorbeikommenden eine Frage stellt. Wer sie nicht zu lösen vermag, den stürzt sie in den Abgrund hinab; und dort liegen bereits die Gebeine all derer, die versagt hatten. Die Frage heißt: Was ist das? Am Morgen geht es auf vier Beinen, am Mittag auf zwei, am Abend auf drei? Ödipus ist der einzige, der die Antwort weiß: Es ist der Mensch. Am Morgen kriecht er auf allen vieren, am Mittag geht er auf seinen beiden Beinen, am Abend braucht er einen Stock, und dann geht er auf drei Beinen. Die Sphinx ist über diese Antwort so entsetzt, daß sie sich selbst in den Abgrund stürzt, und der Weg nach Theben ist frei. Doch diese Frage: „Was ist der Mensch?" ist – wie Sie sehr deutlich gesagt haben – die Frage nach dem unveränderlichen Wesen des Menschen. In dieser Ausrichtung hat sie den philosophischen Denkweg bis zu *Immanuel Kant* begleitet, der alle Fragen des menschlichen Fragenkönnens – Was kann ich wissen? Was darf ich hoffen? Was soll ich tun? – schließlich in seinem Spätwerk auf die eine Frage zusammengeführt hat: Was ist der Mensch? Das heißt natürlich, daß diese Frage eine ungeheure Spannweite aufweist. Man könnte, weil Kant ja ein etwas amusischer Philosoph war, auch noch die Kunst hinzufügen und sagen: In allen Leistungen und allen Äußerungen des menschlichen Geisteslebens geht es eigentlich um diese Frage: Was ist der Mensch? Alle Leistungen der Philosophie, Ethik, Literatur und Kunst sind im Grunde nur immer neu ansetzende Versuche, diese Frage zu beantworten. Doch in unserer Zeit ist der Mensch auf eine so nie gewesene Weise auf den Prüfstand gestellt worden – durch die beiden Weltkriege ebenso wie durch die beiden entsetzlichen Diktaturen, die den Menschen in seinem Selbstbewußtsein zu verändern suchten –; deswegen genügt die klassische Frage nicht mehr.

H: Daß die Philosophie von Anfang an nach dem Wesen des Menschen fragt, ist unbestritten. Daneben hat sich aber in der jüdisch-christlichen Denktradition ein Verständnis des Menschen herausgebildet, das nicht so sehr an dem allgemeinen Wesen interessiert ist, dessen Aufmerksamkeit vielmehr dem Einzelnen, der Person gilt. Im Nachdenken über die Trinität, die Dreifaltigkeit Gottes, kommt es zu den ersten Klärungen des Personbegriffs, der dann herangezogen wird, um die Singularität des Menschen zum Ausdruck zu bringen. Schließlich war es *Thomas von Aquin*, der das christliche Verständnis des Menschen als Person philosophisch konzipierte und dem Essentialismus griechischer Philosophie den christlichen Personalismus gegenüberstellte. Der Mensch ist nicht ein Fall von Menschsein, sondern ein einmaliger Existenzmodus. Dieser Rang des Personseins findet seinen handlungstheoretischen Ausdruck darin, daß auch das subjektiv irrende Gewissen verpflichtenden Charakter hat. Der Mensch ist moralisches Subjekt und darf niemals fremdbestimmt werden. Dieses spezifisch christliche Verständnis des Menschen, das heute in hohem Maße gefährdet ist, muß mitbedacht werden, wenn die Problematik, von der zu sprechen sein wird, im angemessenen Kontext stehen soll.

B: Selbstverständlich müssen wir diese Entwicklung berücksichtigen, die ich für besonders wichtig halte; denn der Personbegriff ist zunächst einmal im Blick auf die innertrinitarischen Verhältnisse entwickelt worden. Es gehört sicher zum Großartigsten der Geistesgeschichte, daß ein Begriff, der zunächst für Gott erdacht und entworfen worden ist, sich schließlich als Schlüssel zum Selbstsein des Menschen herausstellte. Das dürfen wir nie vergessen; denn es handelt sich dabei um eine der ganz großen Leistungen der christlichen Philosophie- und Theologiegeschichte.

Nun kehre ich aber zu meinem Ausgangsgedanken von dem Prüfstand zurück, der gezeigt hat, daß so nach dem Menschen nicht länger gefragt werden kann: Warum? Weil vor allem eine der Tatsachen in dieser klassischen Anthropologie gar nicht erklärt werden konnte, nämlich die Geschichtlichkeit des Menschen. Daß sich das Menschsein geschichtlich ereignet, daß wir Menschen alle in die Geschichte eingebunden und von ihr mitbetroffen sind – meistens als deren leidende Partizipanten, aber immerhin so, daß wir dazugehören –, das konnte immer nur als Faktum behauptet, nicht aber bewiesen werden. Meine Anthropologie kann es zeigen, und sie zeigt es dadurch, daß sie aufweist: Der Mensch hat eine Geschichte mit sich selbst.

Doch zunächst muß ich jetzt nochmals auf die genauere Fragestellung zurückblenden; sie lautet: Wo bist Du? Diese Frage steht im Alten Testament, und sie ist wohl deshalb gerade von jüdischen Auslegern in ihrer Triftigkeit erkannt worden. Es ist bekanntlich die Frage, die Gott dem sündig gewordenen Menschen stellt, nachdem er sich unter den Bäumen des Gartens vor ihm versteckt hat; denn da ruft Gott: Wo bist Du? Das klingt natürlich zunächst wie eine harmlose Identifikationsfrage. Aber in der späteren Ausdeutung, besonders bei *Buber* und *Rosenzweig*, hat sich gezeigt: Da geht es um ungleich mehr, um etwas, was das menschliche Selbstverhältnis betrifft. Auf dem Weg dazu hat der Renaissancephilosoph *Pico della Mirandola* diese Frage aufgegriffen und entfaltet. Er läßt den Schöpfer zu Adam sagen: „Ich habe dir keine bestimmte Wohnstätte zugewiesen. Du kannst wohnen, wo du willst. Ich habe dir auch keine bestimmte Gestalt auferlegt, du kannst die dir genehme Gestalt selber auswählen. Du kannst dich zur Höhe des Göttlichen erheben, du kannst dich aber auch in die Niederungen des Tierischen fallen lassen.“ Das ist diese Geschichte des

Menschen mit sich selbst. Die von mir erwähnten jüdischen Denker, die diese Frage in ihrer vollen Bedeutung und Triftigkeit erkannt haben, sind die Denker des dialogischen Prinzips, denen das Zweite Vatikanum das Stichwort für die Neugestaltung aller christlichen Verhältnisse entnommen hat, nämlich das Stichwort „Dialog“. Sie erblickten in der Wo-Frage den denkerischen Zugriff, auf dessen Basis die Sache des Menschen ausgetragen werden muß.

Ich sprach gerade von den beiden Möglichkeiten: daß der Mensch aufsteigen kann zur Höhe des Göttlichen – und das Christentum hat ja dafür einen Kulminationsbegriff, wenn es sagt: Wir sind zur Gotteskindschaft berufen –, daß er sich aber auch fallenlassen kann, bei *Pico della Mirandola* bis zur Niedrigkeit des Tierischen – ich würde sagen: bis zu jenen Zuständen der Selbstaufgabe, der Selbstwegwerfung und schließlich der Selbstzerstörung, deren sich dann jene Diktatoren bemächtigen, die es darauf angelegt haben, den Menschen bis in seine innersten Überzeugungen hinein zu manipulieren. Das ist die Geschichte des Menschen mit sich selbst. Er kann sich erheben, er kann sich selber veredeln und das anstreben, was ich als den Kern des ganzen Kulturlebens bezeichne, nämlich die Persönlichkeitskultur. Er kann sich entfalten und ausgestalten, er kann das jeweils Bessere aus sich machen, er kann die ungehobenen Möglichkeiten und Talente in sich freisetzen und dadurch seine Persönlichkeit perfektionieren. Er kann aber auch das Gegenteil tun: Er kann sich fallen lassen, er kann den Weg des geringeren Widerstands gehen, er kann mit den Wölfen heulen, sich mit der großen Masse treiben und sich von den Medien und Propagandisten einreden lassen, was er tun soll. Dann befindet er sich im Zustand der Selbstentfremdung. Aus alledem ergibt sich dann die Erklärung der Tatsache, daß er in die Weltgeschichte hineingehört, und zwar deswegen, weil er eine Geschichte mit sich selbst durchlebt.

H: Ich habe bereits darauf hingewiesen, daß ein Großteil Ihres philosophischen Lebenswerkes eben dieser Existenzerhellung des Menschen gilt, und ich denke, es ist deutlich geworden, wie wichtig es ist, ob man den Menschen so oder anders versteht. Gleichzeitig erhebt sich die Frage: Was bedeutet das für eine christliche Theologie, die den Menschen bisher entweder nicht richtig gesehen oder in eine Richtung stilisiert hat, die ihm überhaupt nicht gerecht wird, und zwar konkret in unserer Zeit?

B: Es bedeutet vor allen Dingen, daß sie sich vergegenwärtigen muß, daß der Mensch durch das Christentum nicht diszipliniert, sondern über seinen naturalen Stand erhoben wird. „Seht doch, welch große Liebe der Vater zu uns hegt“, heißt es am Schluß des Neuen Testamentes, „daß wir

Kinder Gottes nicht nur heißen, sondern es sind.“ Eine christliche Theologie muß dieses Optimum des Menschen im Blick haben; doch vielfach ist das Gegenteil geschehen: Man hat dem Menschen eingeredet, daß er sich selber erniedrigen müsse, man hat die Aufforderung des Evangeliums zur Selbstverleugnung in einer völlig defizienten Weise ausgelegt, wie sie nie gemeint war. Gemeint war damit, wie ich vorhin schon einmal angedeutet habe, daß dem Raum gegeben werden müsse, der in uns wohnt. Das ist natürlich etwas ganz anderes als die selbstzerstörerische Form der Selbstverleugnung. Hier müßte also ganz neu nachgefaßt und eingesetzt werden; das hätte enorme Konsequenzen für das ganze christliche Erziehungswesen, aber auch für die Selbstkultivierung jedes Einzelnen.

Das Christentum muß dem Menschen mehr zutrauen, als bisher faktisch geschehen ist, einfach deswegen, weil Gott ihm mehr zutraut. Weil Gott ihn als seinen Partner haben will und als denjenigen, zu dem er Kind sagen kann, so wie der Mensch dann seinerseits zu Gott Vater sagen darf. Damit berühren wir noch einmal die Gottesentdeckung Jesu, die in diesem einen Wort beschlossen ist. Es war die große, revolutionäre Tat Jesu, daß er zu Gott „Vater“ sagte. Wenn man dem entgegenhält, das gäbe es auch in manchen Indianergebeten und erst recht in vielen Hochreligionen einschließlich des Judentums, kann man nur antworten: Wenn zwei dasselbe tun, ist es nicht dasselbe, und wenn zwei dasselbe sagen, ist es ebenfalls nicht dasselbe. Wenn Jesus zu Gott „Vater“ sagt, ist das der Durchbruch in ein vollkommen neues Gottesverhältnis, wie es von keinem anderen je auch nur anvisiert, geschweige denn erreicht worden ist.

H: Ihre überzeugenden Ausführungen werfen zugleich eine Reihe von Problemen auf, die in künftigen Gesprächen behandelt werden müssen.

8. Die Sünde und der Tod

H: Im Horizont christlichen Glaubens und Denkens ist der Mensch nicht nur Exemplar der Spezies Mensch, sondern er ist Person. Er steht in unvertretbarer Verantwortung vor Gott. In Ihrem Werk „Der Mensch – das uneingelöste Versprechen. Entwurf einer Modalanthropologie“ eröffnen Sie als weitere Perspektive die heilsgeschichtliche Sicht, welche für ein angemessenes Verständnis des Menschen konstitutiv ist. Sie zeigen darin, daß der Mensch in einem Möglichkeitsraum steht, in dem er sich von der Person zur Persönlichkeit entwickeln kann, in dem er aber auch zurückfallen kann an die unterste Grenze des Menschseins. Damit kommt nicht nur die wesenhafte Geschichtlichkeit des Menschen zur Sprache. In diesem Problemfeld steht auch die Frage nach der Sünde und deren Möglichkeitsbedingungen.

B: Das entspricht durchaus meiner Vorstellung vom Menschen. Der Mensch ist für mich das Möglichkeitswesen, eingebettet in einen Raum von Möglichkeiten, und zu diesen Möglichkeiten gehört auf der einen Seite die mögliche Erhebung zu einem Seinsstand, den er nur mit der Hilfe Gottes erreichen kann, aber auch die entgegengesetzte Möglichkeit, sich zu vernachlässigen, sich fallenzulassen – es ist die Fallstrecke, die nach unten führt. In diesem Zwischenraum spielt sich die Geschichte des Menschen mit sich selber ab. Und das ist für mich die Erklärung eines Tatbestandes, mit dem die klassische Anthropologie nie zu Rande gekommen ist, nämlich daß der Mensch geschichtsfähig ist, daß er in die Geschichte eingebunden ist – nicht nur in die Heilsgeschichte, wie Sie ganz richtig gesagt haben, sondern auch in die Weltgeschichte. Diese Geschichtsbetroffenheit hängt damit zusammen, daß er eine Geschichte mit sich selbst durchlebt. Zu dieser Geschichte gehört – wie zu jeder – ein Chronist. Diesen Chronisten finde ich im Gewissen. Wir rechnen ja meistens nur mit der moralischen Gewissensform; das ist jenes Gewissen, das uns peinigt, wenn wir versagen, das uns lobt, wenn wir etwas Gutes getan haben. Indirekt rechnen wir jedoch auch mit anderen Gewissensformen, nämlich mit einem ästhetischen und einem intellektuellen Gewissen. Wir haben dafür nur andere Worte. Wir sagen von einem Menschen, der über ein besonderes Organ für die Unterscheidung von Kunst und Kitsch verfügt, er habe einen guten Geschmack, meinen damit aber eine Gewissensform. Und wir nennen einen Mensch, der sich nicht durch Propaganda verführen läßt und nicht den Weg der Masse geht, einen Menschen mit einem guten Urteil. Aber auch diesmal meinen wir eine Gewissensform. Und nun gehe ich davon aus, daß diese drei Gewissensformen, das moralische, das intellektuelle und das ästhetische, eine fundamentale Gewissensform als Grundlage haben, und diese nenne ich das Existenzgewissen. Das urteilt nicht über Gut und Böse, nicht über Kitsch und Kunst, nicht über Lüge oder Wahrheit, sondern es urteilt über die Art und Weise, wie der Mensch mit sich selber befaßt ist – ob er seine besseren Möglichkeiten aus sich herausholt, ob er sich selber kultiviert, ob er also seine Person zur Persönlichkeit entwickelt oder ob er sich vernachlässigt, mit der großen Masse geht, ob er den Weg des geringeren Widerstands einschlägt und sich fallenläßt –, darüber urteilt das Existenzgewissen. Selbstverständlich hat dieses Existenzgewissen eine besondere Affinität zum sittlichen Gewissen. Und damit stellt sich dann die Frage: Wie steht es denn mit dem Bösen im Menschen? Wie steht es um die Sünde?

H: Damit ist aber auch gesagt, daß das von Ihnen angesprochene Existenzgewissen keine statische, sondern eine dynamische Größe ist, die ganz an das Subjekt gebunden und deshalb letztlich nicht objektivierbar ist. Und von hieraus eröffnet sich dann auch die besondere Perspektive auf die Frage nach dem moralischen Gewissen.

B: Das moralische Gewissen hat seine Tiefe dort, wo der Mensch sich der Gewalt des Bösen überläßt und selber böse wird. Das ist natürlich eine Urfrage jeder Anthropologie; denn darin besteht das bestürzende Faktum, mit dem wir ständig in unserer Welt konfrontiert sind: daß die Menschen, die eigentlich etwas Positives leisten und sich konstruktiv am kulturellen und wirtschaftlichen Leben beteiligen sollten, das Gegenteil tun, indem sie andere betrügen und andere ins Unglück stürzen. Wie wird der Mensch böse? Das ist die alte und bis zur Stunde noch immer nicht beantwortete Frage.

Es gibt natürlich eine Antwort auf diese Frage, die gerade im christlichen Raum zur dominierenden geworden ist. Sie geht zurück auf den Apostel Paulus, der im Römerbrief den Tod der Sünde Sold nennt. Damit geht die Vorstellung einher, daß der Mensch von Haus aus böse ist: böse aufgrund seiner Abstammung von Adam, der gesündigt hat und in dem alle gesündigt haben, so daß alle in seine Sünde einbezogen sind und dafür durch den Tod bestraft werden.

H: Mit diesem Hinweis sprechen Sie die sogenannte Erbsünde an. Es ist das die vermeintlich christliche Antwort auf die Frage nach dem Ursprung des Bösen. Die dabei angewandte Methode ist die theologische Variante einer Ätiologie, das heißt des Versuchs, einen gegenwärtig erfahrenen und erfahrbaren Zustand auf seinen letzten Grund und Ursprung zurückzuführen. Unter Bezugnahme auf die von Ihnen zitierte Römerbriefstelle hat *Augustinus* das Theologumenon von der Erbsünde entworfen. Nach dieser These haben alle Menschen in Adam gesündigt. Durch die geschlechtliche Fortpflanzung wird die Natur Adams an seine Nachkommen weitergegeben, und deshalb sind am Ende alle Menschen Sünder. Augustinus ringt schwer um diese Problemlösung, aber sie ist trotzdem falsch. Zur Sünde im qualifizierten Sinne gehört unverzichtbar die Freiheit der Entscheidung und damit die Rückbindung an eine Person. Deshalb kann Sünde nie vererbt werden. Das wußte auch Augustinus. Ausdrücklich vertritt er die These: Wer nicht mit freiem Willen sündigt, sündigt nicht. Wenn er trotzdem seine Lehre von der Erbsünde vertreten konnte, hatte das seinen Grund darin, daß Augustinus auch in dieser Frage im Horizont platonischer Metaphysik dachte und dadurch das Entscheidend-Christliche verfehlte. Er war mit dem Platonismus der Meinung, daß die real existierende Spezies die übergeordnete Größe sei. So wird seine Argumentation in sich schlüssig: Alle Menschen sündigen in Adam, weil sie vereinzelte Exemplare der Art „Mensch“ sind. Mit diesem Denkmodell ist die Gerechtigkeit Gottes sichergestellt. In Adam haben alle Menschen wirklich gesündigt, alle haben in ihm den ewigen Tod verdient, und Gott handelte gerecht, wenn er alle verdammen würde. Deshalb kann Augustinus die Menschheit als *massa damnata*, als eine Sündenmasse verstehen. Weil Gott aber nicht nur gerecht, sondern auch barmherzig ist, hat er aus unerforschlichem Ratschluß einige wenige zur Seligkeit bestimmt. In dieser Sicht wendet sich die Problemstellung: Nicht die Verdammung der Vielen, sondern die Errettung der Wenigen bedarf einer Erklärung. Mit dieser zutiefst unchristlichen Beantwortung der Frage nach dem Ursprung des Bösen hat Augustinus das Gottesbild des Neuen Testamentes pervertiert: Aus dem Gott der vorbehaltlosen Liebe ist ein Schrecken verbreitender Willkürgott geworden. In vielfachen Brechungen läßt sich die verheerende und die Menschen traumatisierende Wirkung dieses Gottesbildes durch die Jahrhunderte verfolgen. Sie reicht über *Martin Luther* und insbesondere *Johannes Calvin* bis in unsere Gegenwart. Diese negative, gegen den Sinn der christlichen Botschaft gerichtete Tradition ist, lieber Herr Kollege Biser, geeignet, die Notwendigkeit, den Rang und die Stellung Ihrer Neuen Theologie im Gang des abendländischen Christentums ins Bewußtsein zu rufen. Aber zurück zu unserem Problem: Wie kommt man zu einer Lösung, die die genannten Aporien vermeidet?

B: Diese Lösung findet sich erstaunlicherweise ebenfalls bei Paulus. Paulus hat allerdings auch das schon vorhin zitierte verhängnisvolle Wort zu verantworten: „Der Tod ist der Sünde Sold.“ Er hat aber in der Korrespondenz mit der Gemeinde von Korinth akkurat das Gegenteil gesagt, und das sogar emphatisch: „Tod, wo ist dein Sieg? Tod, wo ist dein Stachel?“ Dem fügt er eine hochbedeutsame Bemerkung hinzu: „Der Stachel des Todes ist die Sünde.“ Damit wird die Sache plötzlich in die Gegenperspektive umgedreht: Jetzt ist der Tod nicht mehr die Straffolge der Sünde, sondern die Sünde die Folge des Todes. Der Tod erscheint in diesem paulinischen Bild als ein Antreiber, der mit einem Treiberstachel in der Hand die Menschen zur Sünde anstachelt. So erklärt Paulus die Sündhaftigkeit des Menschen, und dies in einer Weise, die dessen Freiheit wahrt.

Jetzt ist es unsere Aufgabe, das zu reflektieren und zu erklären. Das aber führt schon bald zu der Einsicht, daß es im Menschenleben etwas letztlich

Unannehmbares gibt: die Tatsache, daß wir sterben müssen. Natürlich ist das immer wieder kaschiert worden, und wir erleben ja gerade heute, daß unsere Zivilisation eine geradezu perfekte Kunst der Todesverdrängung entwickelt hat. Das ändert aber nichts an den tatsächlichen Gegebenheiten, denn mit dem Tod verhält es sich so wie im Grimmschen Märchen vom Gevatter Tod: Wenn man ihn durch den Hauseingang hinausschickt, kommt er durch die Hintertür wieder herein; der Tod läßt sich nicht verdrängen. Er ist die elementare Herausforderung und Aufgabe des Menschen. Nun aber die Frage: Was hat der Tod mit dem Bösen zu tun? Wie kommt Paulus dazu, zu sagen: Er stachelt uns zum Bösen an?

H: Ein weiteres Problem ist damit unmittelbar verbunden. Daß der Mensch endlich ist, ist unvermeidbar – mit anderen Worten: Das Böse wird am Ende auf Gott zurückgeführt, weil er den Menschen geschaffen hat. Gott kann keinen zweiten Gott schaffen; wenn er also etwas schafft, muß es wesenhaft endlich sein. Das ist die Grundsituation des Menschen und, wie Sie erklären, liegt darin die Wurzel der angesprochenen Probleme.

B: In der Tat. Das ist ja eigentlich der Kern des sogenannten Theodizeeproblems. Gott konnte jedoch nur eine relative, eine begrenzte, eine bedingte Welt erschaffen. Das klingt ganz harmlos, doch die Bedingtheit unseres Daseins wird uns in der Not unseres Sterbenmüssens drastisch vor Augen geführt und bewußtgemacht. Genau das ist der Tatbestand, mit dem wir uns nie ganz einverstanden erklären können. Dagegen erhebt sich ein innerer Protest. Und in der Reaktion darauf wird der Mensch böse. Wenn man sich die Psychologie des Mörders, mit dem man ja immer wieder in der Geschichte konfrontiert ist, vergegenwärtigt, erkennt man, daß der Mensch, wenn er schon selber sterben muß, dann die sadistische Neigung entwickelt, möglichst viele mit in seinen Tod hineinzureißen. Diese Mechanik hat auch eine mildere Vorform, und die beginnt damit, daß man andere belügt und betrügt, beschädigt und haßt, daß man ihnen also Böses antut. Das alles aber ist nichts anderes als der Versuch, die anderen in das eigene Sterben mithineinzureißen. Denn wer den anderen haßt, tilgt ihn tendenziell aus seiner Lebenswelt und ist, biblisch gesehen, „ein Menschenmörder" (1 Joh 3,15). Hier muß dann eingesetzt werden, wenn eine Alternative gefunden werden soll. Wo findet sie sich?

Im großen Konzert der Weltreligionen gibt es nur eine, die eine wirkliche Antwort zu geben vermag, und das ist jene Religion, in deren Zentrum der Gedanke der Todüberwindung steht, die Religion, die zentriert ist im Dreh- und Angelpunkt der Auferstehung Jesu; dort allein kann eine wirkliche Todüberwindung gefunden werden.

H: Das bedeutet: Der Tod ist zugleich die Wurzel aller möglichen Ängste, denen der Mensch ausgesetzt ist. Wenn das zutrifft, könnte man das Christentum unter dieser Perspektive auch als die Religion der Angstüberwindung definieren.

B: Ganz richtig: Das Christentum ist die Religion der Angstüberwindung. Es muß nur noch gesehen werden, was die Angst mit dem Tod zu tun hat. Aber dieser Zusammenhang ist manifest; denn der Tod hat ja bekanntlich einen Bruder, den Schlaf. Aber er hat auch eine sehr viel schrecklichere Schwester, die Angst. Deswegen hängt das Problem der Todüberwindung untrennbar mit dem der Angstüberwindung zusammen. So hat die Neue Theologie die zentrale Aufgabe, das Christentum als die Religion der Angstüberwindung herauszustellen und glaubhaft zu machen.

9. Die Angstüberwindung

H: Wenn man über den Menschen nachdenkt, stößt man, wie wir gesehen haben, sehr schnell auf die nicht wegdiskutierbare Einsicht, daß er sterben muß, daß er endlich ist. Und mit dem Tod ist unmittelbar das Phänomen der Angst verbunden, das zurückwirkt auf das ganze Leben. Welche Erklärung hat nun die Neue Theologie für diese Problematik?

B: Wenn die Neue Theologie etwas taugt, muß sie zu diesen beiden Problemen etwas zu sagen haben. Dann muß sich das Christentum erstens als die Religion der Todüberwindung und zweitens als die der Angstüberwindung erweisen; denn die Angst ist der Vorbote des Todes. Wer tief geängstigt ist, hat das Gefühl, in einen bodenlosen Abgrund zu stürzen, und das ist nichts anderes als ein Vorgefühl des Todes. Aber gegenüber diesen beiden Grundkonditionen gibt es zwei gewaltige Hemmnisse. Wir leben nicht nur in einer Zeit der Todesverdrängung, sondern wir leben auch in einer Zeit der Angstverdrängung; und das wäre vielleicht nicht einmal so schlimm, wenn nicht das Christentum hier eine zusätzliche Barriere aufgebaut hätte.

Zunächst möchte ich noch einmal mit allen Diagnostikern betonen: Wir leben in einem Zeitalter der Angst. Eine so noch nie dagewesene Lebensangst – so sagt der Philosoph *Karl Jaspers* – ist zum unheimlichen Begleiter des modernen Menschen geworden. Das haben Dichter vom Range *Werner Bergengruens* und *Gertrud von le Forts* und Denker vom Range *Martin Heideggers* mit allem Nachdruck bestätigt. Ich sprach gerade davon, daß hier von Seiten des Christentums eine zusätzliche Barriere aufgebaut worden ist; denn nach dem, was die meisten Christen unter Christentum verstehen, ist das Christentum keineswegs die Religion der Angstüberwindung, sondern die Religion der Angstsuggestion. Und tatsächlich haben die Kirchen jahrhundertelang gemeint, durch die Suggestion von Sünden-, Teufels- und Höllenängsten die Menschen disziplinieren und zur Akzeptanz ihres Angebotes bewegen zu können. Es gibt ein erschütterndes Buch des zwinglianischen Pfarrers *Oskar Pfister*, eines Freundes von *Sigmund Freud*: „Das Christentum und die Angst". Die Bilanz dieses Buches zeigt, daß sämtliche christlichen Konfessionen, so weit sie in vielen dogmatischen und kultischen Fragen auseinandergingen, doch in einem Punkt übereinstimmten: Dem Menschen muß Angst gemacht werden, dann ist er gefügig und unterwirft sich den Geboten und Anordnungen der Kirche. Diese Strategie hat sich allerdings in unserer Zeit aufgelöst. Die jungen Menschen nehmen das längstens nicht mehr so ernst wie die älteren, die durch diese Pädagogik traumatisiert sind.

Unabhängig davon muß nun gefragt werden: Stimmt das überhaupt, daß das Christentum Ängste suggeriert, oder stimmt die These der Neuen Theologie, daß das Christentum die Religion der Angstüberwindung ist? Wenn das gezeigt werden soll, muß zunächst einmal gesehen werden, daß es ein gewaltiges Panorama von Ängsten gibt: Inklusionsängste, Isolationsängste, ökologische Ängste, soziale Ängste, religiöse Ängste, Lebensängste. Es kommt also darauf an, die Wurzelängste herauszufinden, an denen der Mensch vor allen Dingen leidet. Und ich sehe drei derartige Fundamentalängste. Das erste ist die Angst des Menschen vor Gott; und der Atheist hat nicht den mindesten Grund zu meinen, daß er davon unbehelligt bleibt, denn auch er sucht nach einer letzten Orientierung, nach einem letzten Halt und einer letzten Geborgenheit, wo immer er sie zu finden glaubt. Das ist die erste dieser Grundängste. Die zweite ist die Angst des Menschen vor dem Mitmenschen, die Sozialangst. Und die dritte ist die unheimlichste aller Ängste: Es ist die Angst des Menschen vor sich selbst, die Existenzangst. Wenn man das einmal erkannt hat, dann wird klar: Hier kann das Christentum eingreifen, hier kann es seine angstüberwindende Kompetenz unter Beweis stellen.

H: Mit dieser Zeitdiagnose machen Sie, Herr Kollege Biser, das christliche Gottesbild – befreit von den Verdunkelungen einer fehlgelaufenen Entwicklung – zum unterscheidenden Kriterium zwischen den verschiedenen Religionen und ihren Angeboten.

B: Zweifellos. Damit hängt auch die Möglichkeit der Überwindung dieser ersten aller Ängste zusammen. Das Christentum unterscheidet sich dadurch fundamental von allen anderen Weltreligionen – so viel es auch mit ihnen in anderer Hinsicht gemeinsam hat –, daß es nicht einen ambivalenten Gott vertritt, der einmal liebt und dann wieder droht und straft, sondern den Gott der bedingungslosen Liebe. Und dieser Gott der bedingungslosen Liebe, den nach meiner tiefen Überzeugung erst Jesus entdeckt und in seiner Botschaft zur Geltung gebracht hat, dieser bedingungslos liebende Gott darf und kann nicht gefürchtet werden; denn er nimmt den Menschen diese tiefste aller Ängste, die Gottesangst, aus der Seele. Wer diesen Gott einmal im Glauben angenommen und gefunden hat, der hat keinen Grund mehr, Gott zu fürchten. Und deswegen ist die schlimmste aller Ängste von ihm genommen.

H: Aber ist dieser Gott der bedingungslosen Liebe nicht unmittelbar in Gefahr, beliebig zu werden, so daß man sagen kann: Ob so oder so, es ist am Ende gleichgültig. Er hat schon alles besorgt.

B: Das ist ein Einwand, der leider auch von einer jüngeren Theologengeneration zur Zeit erhoben wird: Dieser Gott der Liebe sei ein Gott der Beliebigkeit, er toleriere alles, und deshalb könne man ihn vergessen. Diese Theoretiker übersehen nur, daß sie damit, wie ich bereits gegen sie eingewendet habe, in die längst von *Nietzsche* – ausgerechnet im „Antichrist" – aufgestellte Falle hineinlaufen, da auch für Nietzsche nur ein Gott des Zornes, des Hasses und der Rache ernstgenommen werden kann. In Wirklichkeit ist der Gott der Liebe die größte Herausforderung, da dem Menschen aufgrund seiner Gespaltenheit zwischen Selbstsucht und Selbstflucht und seiner dadurch bedingten Gebrochenheit der ambivalente Gott, der zwischen Güte und Drohung oszilliert, weit mehr entspricht als der Gott der bedingungslosen Liebe. Er überkommt ihn vielmehr wie ein gleißendes, blendendes Licht, ja wie ein „verzehrendes Feuer", da er ihm zwar alles bis zur Hingabe seines Sohnes gibt, aber auch Liebe aus ganzem Herzen und ganzer Lebens- und Geisteskraft von ihm erwartet und fordert.

Das alles wird bei dem angesprochenen Einwand völlig übersehen. Demgemäß heißt die erste und grundlegende Forderung: Gib Gott das, was er dir gibt! Du sollst ihn lieben aus ganzem Herzen, aus ganzer Seele, aus ganzer Wesens- und Geisteskraft. Das ist ja eine derart ungeheuerliche Forderung, daß man daran beinah zerbrechen möchte. Indessen gibt es eine Lösung, die allerdings schon in die Tiefendimension des Christentums hineinführt, und die besteht darin, daß dieser Gott, der dieses Ungeheuerliche von uns verlangt, es für uns tut: Er liebt sich selbst in uns.

H: Kann man zeigen, daß die Überwindung dieses fehlgeleiteten Gottesbildes zugleich die Überwindung der beiden anderen Ängste anvisiert, die Sie vorhin angesprochen haben?

B: Unbedingt, denn die zweite Angst hängt natürlich mit dem Gebot zusammen: Du sollst deinen Nächsten lieben wie dich selbst. Der Nächste ist der Partner, ohne den wir weder leben könnten, ohne den wir weder die Fähigkeit der Sprache besäßen noch das Glück der Liebe erleben könnten, ohne den wir somit überhaupt nicht menschlich existieren könnten. Aber die Lebenserfahrung zeigt, daß wir auch den liebsten Menschen nie ganz an uns herankommen lassen. Ein letzter Sicherheitsabstand wird gewahrt, weil wir die Befürchtung nicht los werden, daß sich der ersehnte Partner von heute über kurz oder lang in sein verhaßtes Gegenteil verwandeln könne. Und wenn man die Geschichte menschlicher Beziehungen betrachtet, besonders im Feld der Ehe, dann ist das eine nur allzu begreifliche Befürchtung. Dagegen muß nun ebenfalls mit dem Evangelium argumentiert werden. In diesem Sinne hat *Kierkegaard*, der große dänische Dichterphilosoph, gesagt: Den Satz – du sollst deinen Nächsten lieben wie dich selbst – müßte man eigentlich anders übersetzen, nämlich nicht: liebe ihn wie dich selbst, sondern: liebe ihn *als* dich selbst. Erkenne, daß dein eigenes Schicksal im anderen auf dem Spiel steht: Wenn du ihn annimmst, nimmst du dich selber an; wenn du ihn verwirfst und ihn fallenläßt, gibst du dich selber auf. Deswegen ist die Liebe Gottes auch die Heilung der Problematik unserer Beziehung zum Partner, zum Nächsten.

H: Und damit steht der letzte Schritt an, nämlich das Problem, daß man sich selbst nicht ganz vertraut und vertrauen kann.

B: Richtig, denn der Mensch ist zutiefst gebrochen, so daß er sich seiner weder in gesundheitlicher noch in intellektueller und vor allen Dingen auch nicht in moralischer Hinsicht ganz sicher sein kann. Es können Verhältnisse auftreten, in denen auch die allerbesten Vorsätze versagen; deswegen diese Angst des Menschen vor sich selbst, die unheimlichste aller Ängste. Indessen wäre unsere ganze Überlegung auf Sand gebaut, wenn nicht auch hier eine Heilung von seiten des Evangeliums erfolgen könnte. Ich sehe hier sogar die schönste aller Möglichkeiten, aus dieser Angst befreit zu werden: durch das Geschenk der Gotteskindschaft. Es ist ein Gedanke, zu dem sich das Neue Testament am Ende geradezu jubelnd erhebt, wenn der Erste Johannesbrief mit dem bereits angeführten Satz dazu auffordert: „Seht doch, welch große Liebe der Vater zu uns hegt, daß wir Kinder Gottes nicht nur heißen, sondern es sind." Wer sich durch Gottes Vaterliebe zu diesem Hochziel des Menschen geführt weiß, fühlt sich trotz aller Hinfälligkeit, trotz aller Versuchlichkeit und trotz seiner ganzen Erbärmlichkeit ans

Herz Gottes gezogen und findet dort den Fixpunkt der Existenz, der alles überstrahlt, was dem Menschen an Negativität und Beeinträchtigung anhaftet. Deshalb kommt es entscheidend darauf an, im Interesse der Angstüberwindung das Motiv der Gotteskindschaft neu zu entdecken und an die Menschen heranzutragen. Darin besteht dann die Therapie der dritten und unheimlichsten aller Ängste. Wenn das gelingt, ist das Christentum in der Tat als die Religion der Angstüberwindung erwiesen.

H: Die Tatsache, daß die Rede von der Gotteskindschaft in der heutigen Theologie nicht unbedingt im Vordergrund steht, ist zugleich ein Symptom für die Tatsache, daß das Christentum von seiner eigenen Identität noch entfernt ist und daß genau in dieser Richtung von der Neuen Theologie ein entscheidender Beitrag geleistet werden kann und muß.

10. Die Gottessohnschaft Jesu

H: Nach dem Zeugnis des Neuen Testamentes ist die Gotteskindschaft das eigentliche Ziel christlicher Existenz. Dieser Begriff erinnert unmittelbar an das Problem der Gottessohnschaft. Bevor dieses Problem geklärt ist, kann man über die Gotteskindschaft nichts Fundiertes aussagen. Wie es gedacht werden kann und wie es verstanden werden muß, daß Jesus der Sohn Gottes ist, dieser Sachverhalt ist naturgemäß einer der zentralen Inhalte christlicher Reflexion. Im Laufe der Jahrhunderte wurden ganze Bibliotheken mit entsprechenden Traktaten über dieses Thema gefüllt. Sie alle haben eines gemeinsam, sie sind nur für hochspezialisierte Fachleute verstehbar. Eröffnet die Neue Theologie eine Möglichkeit, dieses Geheimnis so darzustellen, daß es nicht nur theologischen Ansprüchen genügt, sondern darüber hinaus auch von einem Nichttheologen nachvollzogen werden kann?

B: Das ist selbstverständlich eine ganz zentrale Aufgabe der Neuen Theologie, und ich würde sagen: Die Gotteskindschaft erinnert nicht nur an die Gottessohnschaft Jesu, sondern sie ist die unmittelbare Folge der weitergegebenen Gottessohnschaft Jesu. Der große Theologe *William Wrede* sagte vor mehr als hundert Jahren: Jesus gibt seine Gottessohnschaft auf und wird ein elender Mensch wie wir, damit wir werden, was er ist – Söhne Gottes. Nach seiner Überzeugung ist die Gotteskindschaft die weitergegebene Gottessohnschaft Jesu. Im Hinblick darauf stellt sich dann aber das große Problem: Wie ist die Gottessohnschaft Jesu zu erklären, und das vor allem im Lichte der Neuen Theologie? Wie ist Jesus zum Bewußtsein seiner Gottessohnschaft gelangt? Dabei gehört es zu den Prärogativen der Neuen Theologie, daß das Menschsein Jesu ernstgenommen wird; denn Jesus muß als Mensch all das einholen, was er nach dem christlichen Dogma von Ewigkeit her ist. Weil er ein menschliches Bewußtsein wie wir hat, ein Bewußtsein des Fragen-Müssens, auch des Zweifeln-Könnens, muß vor diesem Hintergrund geklärt werden, wie er zur Gottessohnschaft gelangte.

H: Das besagt, daß die traditionelle Vorstellung, Jesus habe von Kind auf immer schon gewußt, was seine Aufgabe sei, daß diese traditionelle Vorstellung verabschiedet werden und einer neuen Reflexion dieses Problems weichen muß.

B: Unbedingt! Es muß sozusagen die Anthropologie in die Christologie einbezogen werden; wir müssen Jesus aus seinem Menschsein zu verstehen suchen. Dabei gibt es nicht nur die traditionelle Auffassung, wonach er alles schon von Kindheit an gewußt hat; vielmehr scheint sich auch vom Evangelium her eine einfache Lösung anzubieten, die sich aber bei näherem Zusehen als nicht haltbar erweist. Da wird Jesus nach der Taufe durch die Himmelsstimme gesagt: „Du bist mein geliebter Sohn, dich habe ich erwählt." Für viele Theologen ist damit das Problem gelöst: Er hat eine Vision gehabt; diese Vision war verbunden mit einer Audition – er hat etwas zu hören bekommen, und zwar dieses wunderbarste Wort, das jemals einem Menschen zugesprochen worden ist: „Du bist mein geliebter Sohn." Aber das Ganze hat einen Haken.

H: Woher weiß man das?

B: Nach den ältesten Berichten ist Jesus der ausschließliche Hörer dieser Himmelsstimme, und es ist ausgeschlossen, daß er das dann seinen Jüngern weitererzählt hat. Deshalb entfällt diese scheinbar so einleuchtende und einfache Erklärung. Eins aber stimmt: Das ganze Evangelium ist durchzogen vom Gedanken der Gottessohnschaft, denn nicht nur die Himmelsstimme sagt ihm das; selbst der satanische Widersacher gibt zu, daß er um die Gottessohnschaft Jesu weiß, wenn er ihn in der Versuchungsszene mit der Aufforderung: „Wenn du der Sohn Gottes bist, dann sprich, daß aus diesen Steinen Brot wird, dann stürze dich da hinab!", von seiner Sendung abzubringen sucht. So setzt es sich dann fort bis in die Verhörszene. Da wird er gleichsam durch den menschlichen Widersacher noch einmal gefragt: „Bist du Christus, der Sohn des lebendigen Gottes?" Im Zentrum von alledem steht dann jene großartige Szene, in der Jesus an seiner eigenen Sendung und Identität irregeworden ist und in der er sich in seiner Herzensnot an seine Jünger mit der Frage wendet: „Für wen haltet ihr mich?“ Da nimmt sich Petrus ein Herz und antwortet: „Du bist Christus, der Sohn des lebendigen Gottes.“ Jesus reagiert geradezu enthusiastisch: „Selig bist du, Simon, Sohn des Jonas. Nicht Fleisch und Blut haben dir das geoffenbart, sondern mein Vater, der im Himmel ist.“ Das heißt: Aus dir hat die Himmelsstimme erneut zu mir gesprochen. Das ist der cantus firmus, der sich durch das Evangelium hindurchzieht. Wir aber müssen uns nun unter dem Eindruck der vorhin erhobenen Einwände ganz neu fragen: Wie kann das bewußtseinsgeschichtlich erklärt werden?

H: Und in diesem Zusammenhang muß erneut darauf hingewiesen werden: Alle diese Sätze sind im Licht der Auferstehung geschrieben. Es sind kerygmatische Texte, Verkündigungstexte, und es ist keine nacherzählende Biographie.

B: Das ist ein ganz wichtiger Gedanke, weil man im Grunde nie genug betonen kann, daß es das Evangelium nicht gäbe, wenn Jesus nicht auferstanden wäre. An den Lehren eines am Kreuze Hingerichteten hätte kein Mensch ein Interesse genommen; nur die Auferstehung erklärt die Entstehung des Evangeliums. Das aber hat dann die von Ihnen mit Recht angesprochene Konsequenz, daß alle Aussagen des Evangeliums im Licht von Ostern stehen. Von dort her ist dann allerdings klar, warum der Gedanke der Gottessohnschaft eine so große Rolle spielt; man darf nur an den Eingang des Römerbriefes denken: „Er wurde eingesetzt zum Gottessohn mit Macht durch die Auferstehung von den Toten.“ Wir aber haben die Aufgabe, das verstehend und glaubend nachzuvollziehen.

Ich möchte noch einmal darauf hinweisen, daß sich die Lebensgeschichte Jesu viel dramatischer darstellt, als es gemeinhin gesehen wird. Ich sprach gerade eben von der Krisenstunde im Leben Jesu; das war die Reaktion auf den Massenabfall; am Anfang steht der riesenhafte Erfolg; die Menschen strömen ihm zu; sie begleiten ihn bis in die Steppe hinein, vergessen Essen und Trinken. Aber dann kommt es zu diesem großen Massenabfall, und Jesus steht einsam da und fragt: Wer bin ich eigentlich? Und dazu gehört dann auch, daß er von einem bestimmten Punkt an – das sagt vor allen Dingen das Lukasevangelium in aller Deutlichkeit – bewußt den Todesweg einschlägt. Er geht ganz zielsicher Jerusalem entgegen, obwohl er weiß: „Jerusalem, Jerusalem, du mordest die Propheten und steinigst die, die zu dir gesandt sind. Wie oft wollte ich deine Kinder um mich sammeln, so wie eine Henne ihre Küken unter ihre Flügel nimmt. Ihr aber habt nicht gewollt.“ Er geht also auf die Stadt zu, von der er weiß, daß sie ihm den Tod bringt.

Meine Erklärung knüpft nun daran an, und das muß auch im Zentrum der Neuen Theologie stehen, daß sich auf diesem Todesweg das Verhältnis Jesu zum Tod grundlegend änderte. Im anderen Fall wäre es der Weg eines Selbstmörders gewesen. Tatsächlich gibt es neuerdings die amerikanische Jesus-Biographie von *Jack Miles*, die genau das behauptet; doch das kann selbstverständlich unmöglich angenommen werden. Nein, das Verhältnis zum Tod muß sich für Jesus signifikant geändert haben. Natürlich ist der Tod zunächst auch für ihn das, was er für jeden Menschen ist: das unabwendbare Schicksal, die große Herausforderung am Ende des Lebens und deswegen auch ein ihm von Gott zugewiesenes Verhängnis. Doch muß es schließlich dazu gekommen sein, daß Jesus den Tod nicht mehr als Schicksal und Verhängnis, sondern als Ansinnen und Aufgabe empfunden hat. Wenn das angenommen werden kann, haben wir die Lösung: Denn dann ist der Tod für ihn erstens der eigentliche Zielpunkt seiner ganzen Lebensgeschichte, so daß man geradezu sagen kann, daß er sein Lebenswerk nicht – wie wir Menschen erwartet hätten – durch eine grandiose Aktion, sondern durch die Passion, also durch sein Leiden und Sterben gekrönt hat. Vor allen Dingen muß sich dabei sein Gottesbild geändert haben: Gott war nicht mehr derjenige, der ihm das Todesschicksal auferlegte, sondern derjenige, der ihm den Tod als Aufgabe gestellt hat. Gott ist für ihn nicht mehr nur der Herr über Leben und Tod, sondern der ihn ins Haus seiner Liebe einladende Vater. Hier sehe ich den eigentlichen Durchbruch zum Gedanken an die Vaterschaft Gottes, wie er sich dann in der Gottesanrufung „Abba, Vater!“ artikuliert. Und korrespondierend dazu erblicke ich hier auch – zweitens – das Erwachen Jesu zum Bewußtsein seiner Gottessohnschaft; denn wenn Gott der Vater ist, ist er der Sohn.

H: Die gesamte Entwicklung hat also zwei Seiten: einmal das Verhältnis zu Gott und zum andern das Zu-sich-selbst-Kommen. In diesem Prozeß wird ihm schließlich seine Aufgabe bewußt, die im Tod kulminiert und in der Auferstehung ihr eigentliches Ziel erreicht.

B: Es ist ja interessant, daß einer der größten Denker des ausgehenden Mittelalters, *Nikolaus von Kues*, das schon genauso gesehen hat. Er sieht die ganze Gottesoffenbarung als eine die ganze Weltgeschichte durchtönende Stimme. Sie erklingt zunächst einmal im Herzen des Menschen. Dann ruft Gott diese Stimme durch den Mund der Propheten in die Geschichte hinein; im letzten der Propheten, Johannes dem Täufer, wird sie dann zur Stimme des Rufenden in der Wüste. Nachdem sie in Jesus Mensch geworden ist, durchläuft sie eine ganze Reihe von unterschiedlichen Modulationen, bis sie schließlich im Todesschrei des Gekreuzigten ausklingt. Das entspricht nun genau dem, was Sie gerade gesagt haben: Es ändert sich jetzt das ganze Bild der Offenbarung, aber mit ihm zusammen auch das Bild des Lebenswerkes Jesu, und der Tod ist dann nicht mehr ein passives Geschehen, das ihm widerfährt, sondern die Tat, mit der er sein ganzes Lebenswerk krönt.

H: Aber jetzt muß ich doch noch einmal zu dem Ausgangsbegriff zurückkommen: Was heißt Gottessohn? Es sind ja alles Begriffe aus unserer Erfahrungswelt und sie können sicher so nicht direkt auf dieses Verhältnis angewandt werden, sondern nur analog, wie man in der Fachsprache sagt. Was bedeutet das jetzt?

B: Das bedeutet, daß Jesus in einem einzigartigen Verhältnis zu Gott steht, für das sich in unserer menschlichen Terminologie nur das Bild Vater – Sohn anbietet. Man könnte es etwas wissenschaftlicher ausdrücken: Er überschreitet das kreatürliche Verhältnis zu Gott und gewinnt ein genealogisches. Gott hört nicht auf, sein Schöpfer zu sein, aber er wird für ihn zugleich etwas vollkommen Neues: sein Vater; und von da an gestaltet sich das Verhältnis Jesu vollkommen neu. Ich muß allerdings noch einmal hinzufügen: Diese Überlegung schließt das Dogma von der Präexistenz Jesu, wonach er schon von Ewigkeit her Sohn Gottes ist, keineswegs aus. Wenn das Menschsein Jesu ernstgenommen werden soll, muß er jedoch lebensgeschichtlich das einholen, was er, dogmatisch gesehen, schon von Ewigkeit her ist. Das ist die These der Neuen Theologie zur Gottessohnschaft Jesu, die ihrerseits die Grundvoraussetzung unserer Gotteskindschaft ist.

H: Das wäre dann der Versuch, in der heutigen Kategorialität und mit heutigen Vorstellungen das Gleiche zu denken, was andere Epochen mit ihren Mitteln gedacht haben.

Teil 2

1. Jesus – Menschensohn und Gottessohn

H: Unsere bisherigen Überlegungen führen zu einer folgenschweren Frage: Wie hat Jesus diese seine Botschaft an uns vermittelt? Wie erfahren wir davon?

B: Das ist eine ganz zentrale Frage, denn wir haben ja jetzt eine Art Schlüssel zu seinem ganzen Werk. Wir sprachen von der Gottessohnschaft Jesu, und das ganze Werk stellt sich jetzt dar als die fortgesetzte Weitergabe seiner Gottessohnschaft an uns, so die zentrale Aussage der Neuen Theologie. Man hat das Lebenswerk Jesu meistens unter der Perspektive der Erlösungstat gesehen – das soll in gar keiner Weise bestritten werden –, nun aber geht es um eine neue und, wie mir scheint, überzeugendere Sicht, nach welcher sein Lebenswerk darauf abzielt, seine Gottessohnschaft an uns weiterzugeben. Die Frage ist nur: Wie kann er das? Wie vollbringt er das? Welche Mittel stehen ihm zu Gebote?

Natürlich ist etwas ausgeschlossen; Jesus kann nicht vor die Welt hintreten und sagen: Ich bin der Sohn Gottes! Damit würde er sich im jüdischen Umfeld nur den Vorwurf der Gotteslästerung einhandeln. Er muß daher einen Mittelbegriff finden, um das, was er ist, in einer kommunizierbaren und verstehbaren Sprache an die Menschen heranzutragen. Diesen Mittelbegriff entnimmt er der prophetischen Tradition, näherhin der Menschensohn-Vision des Buches Daniel (Dan 7,14), in der die das Volk Israel repräsentierende Himmelsgestalt des Menschensohnes vor den Thron Gottes gebracht und von Gott beauftragt wird, das Reich Gottes heraufzuführen. Nach meiner Ansicht muß es in der Bewußtseinsgeschichte Jesu den vom Johannesevangelium bestätigten Augenblick gegeben haben (Joh 1,51), in welchem Jesus sich in der Himmelsgestalt wiedererkannte, was zur Folge hatte, daß deren Aufgabe, das Gottesreich heraufzuführen, in seine Hand fiel. Mit dieser Aufgabe hatte er dann auch den Mittelbegriff gefunden, mit Hilfe dessen er seine Gottessohnschaft an die Menschen weitergeben konnte, aber auch seine Selbstbezeichnung als Menschensohn.

H: Darf ich kurz methodisch dazwischenfragen? Das würde bedeuten, daß sich der historische Jesus in dem Bewußtsein, diese Aufgabe zu haben, noch nicht als der Sohn Gottes verstanden hat?

B: Das ist eine schwer entscheidbare Frage.

H: Wäre es möglich?

B: Was hat Priorität? Er bezeichnet sich ja immer wieder als Menschensohn. Manche dieser Menschensohn-Worte sind ihm sicher erst nachträglich zugewiesen worden, aber einige sind originäre Aussagen Jesu. Und das Problem, das Sie jetzt mit Recht angesprochen haben, heißt: Was hat die Priorität? Sein Bewußtsein, der Sohn Gottes zu sein, oder das Bewußtsein, der Menschensohn zu sein? Ich wage hier keine Entscheidung zu treffen; denn manches in der Bewußtseinsgeschichte Jesu ist und bleibt uns verborgen. Ich könnte mir allerdings vorstellen, daß beide Einsichten in relativ kurzer Abfolge von ihm gewonnen wurden. Auf jeden Fall verfügt er jetzt im Begriff „Reich Gottes" über die Vokabel, mit der er sich, recht verstanden, selbst zur Sprache bringt.

Das ist übrigens die Überzeugung eines der größten Theologen der Christenheit: *Origenes von Alexandrien.* Er hat sich wohl als erster oder als einer der ersten die Frage gestellt: Was meint denn Jesus, wenn er ständig vom Reich Gottes spricht? Und seine Antwort heißt: Autobasileia – er war dieses Reich Gottes selbst, das Reich Gottes in Person. Indessen muß Jesus noch eine zweite Barriere überwinden. Eines Tages kommen die Pharisäer und sagen zu Jesus: Du redest dauernd vom Reich Gottes. Zeige es uns doch! Und Jesus muß gestehen: „Das ist unmöglich. Es kommt nicht mit sichtbarer Gestalt, auch kann man nicht sagen: Es ist hier oder dort" – das heißt: Man kann es nicht einordnen in das Koordinatensystem von Raum und Zeit, „denn es ist mitten in euch". Und nun soll er etwas sagen, was weder definiert noch in das Koordinatensystem von Raum und Zeit eingebracht werden kann, sondern mitten in und unter den Menschen ist. Eine ungeheure Aufgabe!

Hier wird Jesus nach einer Grundposition der Neuen Theologie zum großen Sprachschöpfer. Wir machen immer wieder den Fehler, Jesus nur als eine Gestalt der Religionsgeschichte zu sehen, und wir berücksichtigen viel zu wenig, daß von ihm auch zentrale Impulse für die Neugestaltung der Lebenswelt ausgegangen sind. Er ist also auch eine Gestalt der Sozialgeschichte. Doch ist er nicht zuletzt eine Gestalt der Sprachgeschichte. Und eine seiner größten sprachgeschichtlichen Leistungen besteht in der Schaffung seiner Gleichnisse.

Wenn man diese Gleichnisse durchforstet, wird man sehen, daß sie im Grunde alle eine einzige Aufgabe zu lösen suchen, die der Markusevangelist umschreibt, wenn er Jesus mit dem Wort auftreten läßt: „Die Zeit ist erfüllt und das Reich Gottes ist nah. Denkt um und glaubt an die Heilsbotschaft." Dieses Umdenken, diese Metanoia, mußte den Menschen vermittelt, in dieses Umdenken mußten sie hineingezogen werden. Daß die Gleichnisse dieses Ziel verfolgen, läßt sich an einigen Beispielen festmachen. So möchte man im Gleichnis von der Aussaat zu dem Sämann sagen: Du hast eine Pechsträhne, denn einiges ging dir schon auf dem Weg verloren, anderes fiel auf steinigen Grund, weiteres unter die Disteln und Dornen. Gib doch auf! Doch dieser Mann setzt, unbekümmert um unsere Einrede, seine Arbeit fort und wird großartig belohnt: „und es ging auf und brachte Frucht: dreißigfach, sechzigfach, hundertfach". So gelesen ist das Gleichnis eine einzige Ermutigung, trotz aller Rückschläge, trotz Enttäuschungen und Frustrationen nicht aufzugeben, sondern durchzuhalten. Solche Leute braucht Jesus.

H: Daraus folgt mit einer gewissen Notwendigkeit, daß es nahezu ausgeschlossen ist, die Gleichnisse auf den Begriff zu bringen. Der Versuch, das Christentum von der griechischen Philosophie her zu verstehen und seine Inhalte zu erfassen, war von vornherein zum Scheitern verurteilt.

B: Deswegen ist es auch nicht möglich, aus den Gleichnissen Lehrsätze oder moralische Direktiven abzuleiten. Es gibt allerdings in der Geschichte des Christentums traurige Beispiele, wo man aus Gleichnisworten derartige Direktiven abgeleitet hat, so etwa wenn *Augustinus* aus dem „compelle intrare – zwinge sie einzutreten" im Gleichnis vom großen Gastmahl das Recht auf Gewaltanwendung folgert. Doch zurück zu den Gleichnissen und ihrer Intention!

Eines der signifikantesten ist bekanntlich das Gleichnis von den Weinbergarbeitern, bei dem jeder Leser spontan für die Partei ergreift, die sich am Abend frustriert und enttäuscht zeigen, denn sie sind denen gleichgestellt worden, die nur eine Stunde gearbeitet haben. Wir aber gehen in unserem Gerechtigkeitsgefühl davon aus, daß eine große Leistung einen großen Lohn verdient und eine geringe Leistung nur gering entlohnt zu werden braucht. Doch im Gleichnis Jesu werden die, die nur eine Stunde lang gearbeitet haben, denen gleichgestellt, die mit Fug und Recht von sich sagen: „Wir haben die ganze Last dieses Tages getragen und diese unausstehliche Hitze." Schließlich wird der protestierende Wortführer dieser Ersteingestellten sogar kalt abgefertigt: „Freund, bin ich mit dir nicht über einen Denar übereingekommen? Nimm dein Geld und geh! Oder darf ich mit meinem Geld nicht machen, was ich will, oder bist du vielleicht neidisch, weil ich großzügig bin?" Da werden unsere allzu menschlichen Maßstäbe von Recht und Gerechtigkeit buchstäblich zerbrochen; da vollzieht sich die Metanoia.

Es gibt in den Gleichnissen noch mindestens zwei, die einen ganzen

Schritt weitergehen und die mir deswegen besonders am Herzen liegen: das Gleichnis vom fürbittenden Weingärtner und das Gleichnis vom dienenden Herrn. Der fürbittende Weingärtner wird vom Herrn des Weinbergs aufgefordert, den offensichtlich unfruchtbaren Feigenbaum, von dem er drei Jahre lang nichts zu ernten vermochte, auszuhacken und ins Feuer zu werfen. Der aber protestiert: „Herr, lass ihn doch noch stehen; ich will den Boden umgraben und Dünger einlegen. Vielleicht bringt er doch noch Frucht." Das ist ein Einsatz am verlorenen Objekt, denn der Weingärtner weiß natürlich, daß der Baum unfruchtbar ist. Aber er hat zu diesem Baum ein nahezu symbiotisches Verhältnis aufgenommen und will ihn unbedingt retten. Ja, wer tut so etwas? Die Antwort heißt: nur Jesus allein.

Das andere Gleichnis ist vielleicht noch beredter. Da kommt der Herr zur abendlichen Stunde zurück, er hat seiner Dienerschaft befohlen wach zu bleiben; und nun steht sie da mit brennenden Lampen in den Händen, um ihn zu empfangen. Er aber ist derart gerührt, daß er sich gürtet und sie zu Tisch bittet, um sie zu bedienen. Aus lauter Freude über die Treue der Dienerschaft hat er die Herrenrolle mit einer Sklavenrolle vertauscht. Wer tut so etwas? Antwort: Jesus allein. Das Markusevangelium fügt dann den entscheidenden Satz hinzu: „Der Menschensohn ist nicht gekommen, um sich bedienen zu lassen, sondern um zu dienen." Genau das wird in diesem hintergründigen Gleichnis zum Ausdruck gebracht. Nun könnte man allerdings noch einen Schritt weitergehen und fragen: Womit bedient uns denn Jesus? Die einzig zutreffende Antwort lautet: Mit sich selbst! Er ist, wie Paulus sagt, das große Gottesgeschenk, das er selbst uns macht, und das uns Gott in ihm mit sich macht. Um diese Achse bewegen sich im Grunde alle Gleichnisse. Sie sind, in letzter Vereinfachung gesprochen, Gleichnisse von der uns geschenkten Gottessohnschaft Jesu.

H: In diesem Zusammenhang ist in einem weiteren Schritt von den Wundern zu sprechen, die ja in ihrer Art dieselbe Funktion haben wie die Gleichnisse, nämlich die Verkündigung des Reiches Gottes.

B: Ganz richtig! Es gibt sogar ein Wort, in dem sich Jesus die von Ihnen erwähnte Ansicht zueigen macht. Angegriffen, weil er Dämonen ausgetrieben hatte, antwortet er den ihn des Satansbundes bezichtigenden Gegnern: „Wenn ich aber mit dem Finger Gottes die Dämonen austreibe, ist das Reich Gottes schon zu euch gekommen." Das heißt im Klartext: Die Wunder sind tathafte Verkündigungen des Gottesreichs. Jesus verfügt nicht nur wie wir über die „Verbalsprache", die Sprache in Worten und Bildern, sondern auch über eine „performative" Sprache, also über eine Tatsprache:

Wenn er Wunder wirkt, wenn er Stummen zur Sprachfähigkeit verhilft, wenn er Blinden das Augenlicht schenkt und Aussätzige heilt, sind das Zeichen dafür, daß Gott Hand an die Welt gelegt hat und daß die Welt im Begriff steht, sich in jene Neuordnung aller Dinge zu verwandeln, die in der Sprache Jesu „Reich Gottes“ heißt.

2. Wunder und Tod Jesu

H: Bei der Frage, wie Jesus sein Selbstverständnis und seinen Sendungsauftrag seinen Mitmenschen vermittelt hat, sind wir in unserem letzten Gespräch auf die literarische Gattung der Gleichnisse gestoßen. In diesen Zusammenhang gehört auch das Phänomen des Wunders im Neuen Testament. Dabei ist aber vorweg zu fragen: Handelt es sich im Neuen Testament um Wunder oder um Wundergeschichten, und vor allem: Was soll unter Wunder präzise verstanden werden?

B: Das sind zwei grundverschiedene Fragen: Die erste betrifft den Zusammenhang der Lehrverkündigung Jesu mit den Wundern. Daß Jesus ein Wundertäter war, steht außer Zweifel. Die Frage ist nur: Was haben diese Wunder mit seiner Verkündigung zu tun? Die beiden Welten scheinen doch zunächst völlig auseinanderzuklaffen. In Wirklichkeit gehören sie jedoch aufs engste zusammen: Jesus verfügt im Unterschied zu uns nicht nur über eine von seinem Umfeld als überwältigend empfundene Verbalsprache (Mk 1,22), sondern auch über die sich in seinen Wundern artikulierende Tatsprache, die allen, insbesondere aber den von ihm Geheilten, vor Augen führte, daß Gott im Begriff steht, die Welt ihrem Elend und ihrer Leidbehaftung zu entreißen, und daß das von ihm angesagte Gottesreich tatsächlich im Kommen ist.

Die zweite Frage, die Sie gestellt haben, bezieht sich auf die Tatsächlichkeit der Wunder. Wie ist sie zu beurteilen? Handelt es sich bei den Wundern um historische Fakten? Wiederum wird man sagen müssen: Es steht außer Zweifel, daß Jesus ein Wundertäter war. Doch bei diesen Wundern muß man unterscheiden: Es gibt Heilungswunder – sie stehen zweifellos in der Frage der Faktizität an der Spitze –, es gibt aber auch Übertragungswunder und es gibt Zeichenhandlungen. Ich darf auf diese drei Formen ganz kurz eingehen.

Unter den Wunderheilungen stehen merkwürdigerweise die für uns am schwersten nachvollziehbaren, die Dämonenheilungen, an der Spitze. Man muß davon ausgehen, daß es damals keine psychiatrischen Anstalten gab und daß das Umfeld Jesu von Irrsinnigen heimgesucht war. Da er sich als der Helfer der Menschheit verstand, hat er eingegriffen. Dabei muß man annehmen, daß Jesus über eine ungeheure Suggestivität verfügte, die es mit sich brachte, daß Besessene – wir würden heute sagen psychisch Kranke – in seiner Nähe Heilung fanden. Es gibt dafür ein spektakuläres Beispiel: Maria von Magdala, aus der Jesus nach dem Bericht des Lukasevangeliums sieben Dämonen ausgetrieben hat und die somit eine Schwergestörte gewesen sein muß. Sie wird im Umgang mit ihm gesund und zu seiner treuesten Anhängerin und Jüngerin. Das zeigt sich darin, daß sie mit anderen Frauen zusammen unter dem Kreuz steht und daß ihr – im Vergleich zu Petrus – sogar die erste Ostererscheinung zuteil wird. Insofern sind die Dämonenheilungen ein wichtiges Segment der Tätigkeit Jesu.

H: In diesem Kontext möchte ich noch einmal zurückfragen. Es ist bekannt, daß es in der damaligen Zeit, im hellenistischen und im jüdischen Raum, viele Wundertäter gab, der bekannteste ist wohl *Apollonius von Tyana* († 97 n. Chr.). Bei ihnen finden wir die gleichen Erzählungen, zum Teil nach der gleichen Struktur aufgebaut. Worin besteht die Differenz zu den Wundern Jesu, was macht das Singuläre seiner Taten aus?

B: Die Wunder Jesu sind nie seine eigenen Taten. Der Theologe *Ernst Fuchs*, Nachfolger von *Rudolf Bultmann* in Marburg, sagt, Jesus wagte, im Namen Gottes zu handeln. Darin bestand also der große Unterschied: Die damals hervortretenden Wundertäter wie *Apollonius von Tyana* oder der *Magier Simon* haben in eigenem Namen und im Vertrauen auf ihre eigene Kraft ihre Wundertätigkeit ausgeübt. Jesus wirkt dagegen allein durch Gott, so daß dessen Macht in seinen Handlungen sichtbar wird.

H: An der historischen Faktizität ändert sich also nichts, es ist nur die Kraft, die durch ihn übertragen wird.

B: So ist es. Es gibt sogar noch eine zweite Möglichkeit, und die wird deutlich, wenn Jesus andere an seiner Stelle Wunder tun läßt. Das ist der Fall im Umgang mit der verzweifelten Frau, die sich wegen ihrer psychisch gestörten Tochter an ihn wendet und der er am Schluß eines bewegenden Gesprächs zugesteht: „Frau, dein Glaube ist groß. Dir geschehe, wie du gewollt hast.“ In diesem Fall überträgt er die ihm von Gott geschenkte Wundermacht auf die Bittstellerin, die somit ihre Tochter selbst von ihrem Leiden heilt. Was nun die Faktizitätsfrage betrifft, so hat Jesus zweifellos psychisch Kranke geheilt, Blinden das Augenlicht und Tauben das Gehör geschenkt, ja sogar Aussätzige geheilt. Indessen gibt es zwei weitere Kategorien, auf die ich vorhin schon hingewiesen habe: die Übertragungswunder und die danach zu besprechenden Zeichenhandlungen.

Manche Wundererzählungen des Evangeliums spielen auf alttestamentliche Berichte an; denn es lag im Interesse des neutestamentlichen Denkens, Jesus als den Erfüller alttestamentlicher Geschehnisse darzustellen. Dazu gehören zum Beispiel die Speisungswunder, wie sie von Mose und Elija erzählt werden, oder auch der Gang Jesu über den See: eine Anspielung auf Jahwes, des Bundesgottes, Fahrt über das Meer. Hier werden alttestamentliche Motive auf Jesus übertragen. Und dann gibt es noch als dritte Kategorie die soeben erwähnten Zeichenhandlungen: Von alttestamentlichen Propheten werden manchmal absonderliche Geschichten erzählt. Sie hatten die Bedeutung, das, was sie angekündigt und öfter noch angedroht haben, den Menschen auf bildhaft-eindringliche Weise vor Augen zu führen. Solche Zeichenhandlungen werden auch von Jesus berichtet. Dazu gehört nach meinem Verständnis schon das große Speisungswunder; denn bei diesen Zeichenhandlungen liegt der Akzent nicht so sehr auf dem wunderbaren Geschehen als vielmehr auf dessen Deutung und Bedeutung. In der großen Brotrede, die Jesus im Anschluß an die Speisung in der Synagoge von Kapharnaum hält, gibt er die Deutung mit dem Wort: „Ich bin das Brot des Lebens." Etwas Ähnliches ist der Verfluchung des Feigenbaumes zu entnehmen. Da soll drastisch gedeutet und gezeigt werden, daß Israel im Begriff steht, sein Heil zu verfehlen und daß es als dürrer Baum dem Gericht verfallen ist. Doch das bedeutendste dieser Zeichen – auf das wir noch zurückkommen – betrifft die Deutung seines eigenen Todes bei seinem Abschiedsmahl.

Zuvor wollte ich jedoch etwas ansprechen, was mir in diesem Zusammenhang wichtig erscheint. Nach dem amerikanischen Exegeten *Reginald H. Fuller* haben die Wundergeschichten die Tendenz, auf Jesus hinzuweisen. Sie wollen nicht so sehr als Berichte über bestimmte Vorkommnisse gelesen werden als vielmehr ihn selbst in eine neue Perspektive rücken. Das heißt folglich: Die Wundergeschichten des Evangeliums verfolgen die Tendenz, Jesus selbst als das große Gotteswunder herauszustellen. Das aber ist eine Perspektive, die nach meiner Meinung erst neu entdeckt werden muß, denn Jesus gilt meist nur als Vorbildgestalt; daß er aber das eigentlich Wunderbare in der Geschichte zwischen Gott und den Menschen ist, wird kaum gesehen.

H: Viele Wunder richten sich also nicht nach dem objektiven Geschehen, sie sind vielmehr Aussagen über den, der das Wunder tut, und sind insofern christologische Aussagen.

B: Darauf möchte ich nun ganz besonders abheben, denn wenn das der Fall ist, dann zeigt sich plötzlich ein Zusammenhang zwischen Wunder und Glauben. Bei *Goethe* liest man: „Das Wunder ist des Glaubens liebstes Kind." Diesen Satz kann man aber auch umkehren, und dann würde man sagen müssen: Der Glaube ist des Wunders schönste Frucht. Wenn das stimmt, wenn also Jesus selbst das große Gotteswunder ist, ist er selber der leibhaftige Beweis der Wahrheit seiner Verkündigung; dann ist uns in ihm das Gottesreich nahe gekommen und dann erweckt seine Erscheinung den Glauben.

H: Aber in diesem Zusammenhang müssen wir den von Ihnen, lieber Herr Biser, vorher schon genannten Tod Jesu bedenken, denn dieser Sachverhalt kontrastiert ja in höchstem Maße mit dem, was wir bis jetzt über ihn und über die Aussagen, die über ihn gemacht wurden, miteinander bedacht haben.

B: So wie die Dämonenaustreibungen das bestbezeugte Ereignis der Wundertätigkeit Jesu sind, so ist sein Tod das bestbezeugte Ereignis seines Lebens. Das aber heißt, daß hier ein scharfer Schnitt besteht zwischen dem, was er getan hat, als was er erlebt wurde, und dem, was er erlitten hat. Jesus erleidet ja, mit den Worten der antiken Historiker ausgedrückt, die „turpissima mors crucis", den „schauerlichen Tod am Kreuz". Das erscheint wie eine völlige Widerlegung all dessen, was er gewollt, getan und den Menschen entgegengebracht hat. Und das heißt dann, daß das Kreuz zunächst als der denkbar schärfste Widerruf seiner ganzen Lebensleistung erscheint. Darüber kann nie genug nachgedacht werden.

Das hat natürlich die Urgemeinde von Anfang an getan, denn über ihr lastete ja eine Frage, die am deutlichsten von *Friedrich Nietzsche* mit den Worten gestellt worden ist: „Wer war das? Was war das? Warum gerade so?" Besonders die letzte Frage peinigte das Bewußtsein der Urgemeinde; denn sie mußte sich fragen: Warum haben wir ihn nur so kurz gehabt? Zwei, maximal zweieinhalb Jahre? Und dann dieses schauerliche Ende, das man ihm am wenigsten zugedacht hätte. Warum mußte er das erleiden? Das war der ungeheure Leidens- und Sinndruck, der auf der Urgemeinde lastete und der nach einer Lösung verlangte.

H: Damit stehen wir also vor der Tatsache, daß der Tod Jesu als solcher überhaupt nichts aussagt. Wir brauchen Kriterien, um dieses historisch belegbare Ende zu deuten, und das ist wohl eine ganz entscheidende Aufgabe der Theologie, auch Ihrer Neuen Theologie.

3. Der Tod Jesu – ein Opfertod?

H: Daß der Kreuzestod Jesu als Opfer verstanden werden muß, gehört zu den selbstverständlichen und auch im Laufe der Theologiegeschichte kaum hinterfragten Theorien des Christentums. Wenn man aber – was Sie mit großem Nachdruck herausgearbeitet haben – davon ausgeht, daß Jesus Gott als den vorbehaltlos liebenden Vater entdeckt hat, dann kommen doch Bedenken auf, und man muß fragen, ob die ganze Problematik nicht noch einmal im Licht dieses Gottesverständnisses gesehen werden muß?

B: Das ist zweifellos der Fall; denn selbstverständlich durchzieht die ganze Geschichte des Christentums die Auffassung vom Kreuzestod Jesu als Opfertod, sie steht an fast allen Ecken und Enden des Neuen Testamentes, aber – wie Sie ganz richtig gesagt haben – sie steht zugleich im stärksten Kontrast zu der von Jesus erzielten Gottesentdeckung; denn ein Gott der bedingungslosen Liebe wird durch Opfer nicht versöhnt, ganz davon zu schweigen, daß er gar keine Opfer will. „Liebe will ich und nicht Opfer", so heißt es beim Propheten Hosea (Hos 6,6). Das nimmt Jesus im vollen Umfang auf und stellt es ins Zentrum seiner Verkündigung. Deswegen muß neu über diese Frage nachgedacht werden.

H: Im Nachdenken über diesen Sachverhalt stellt sich vorweg die Frage, wie es dazu kommen konnte, daß der Opfergedanke, nachdem er schon im Alten Testament offensichtlich überwunden war, im Neuen Testament so hohe Bedeutung gewann, daß er bis in die heutige Theologie und Verkündigung als eine nicht mehr hinterfragte Selbstverständlichkeit angesehen wird.

B: Zunächst wird man an das denken müssen, was damals mit dem Gottesgedanken verbunden wurde. Jesus und seine Jünger lebten in einer Atmosphäre, in der es ganz selbstverständlich war, daß Gott Opfer dargebracht werden mußten. Israel hatte ein extrem starkes Sündenbewußtsein; deswegen wurden im Tempel von Jerusalem täglich Schlacht- und Brandopfer zur Entsühnung des Volkes dargebracht, immer im Gedanken daran, daß Gott auch ein strafender und ein rächender war, der versöhnt werden mußte. In dieser Atmosphäre entstand auch das Neue Testament. Deswegen war es eine gewaltige Innovation, als plötzlich eine ganz andere Deutung zum Durchbruch kam.

Aber zunächst werden wir fragen müssen: Wie ist es faktisch dazu gekommen, daß der Tod Jesu als Opfertod verstanden wurde und bis auf den heutigen Tag weithin verstanden wird? Ich glaube, dort eine aufschlußreiche Spur gefunden zu haben, wo zu Beginn der Stephanus-Perikope in der Apostelgeschichte berichtet wird, daß sich eine große Anzahl von Priestern der Urgemeinde anschloß. Über der Urgemeinde lastete – um es mit *Nietzsche* zu sagen – die Frage: Warum mußte er einen so frühen und schrecklichen Tod erleiden? Nun kommen diese Priester, die in Jerusalem die Opferdienste vollzogen hatten und bringen die geradezu „erlösende“ Antwort, wenn sie erklärten: „Was unsere vielen Opfer nicht erreichen konnten, das bewirkte der Kreuzestod Jesu, vorausgesetzt, daß er als ein Opfertod verstanden wird.“ Das hatte vor dem Hintergrund des ambivalenten, zwischen Trost und Schrecken oszillierenden Gottesbildes des Judentums eine geradezu unwiderstehliche Plausibilität; doch stand es im Widerspruch zum Gott Jesu Christi.

H: Dieser Sachverhalt macht erneut deutlich, daß auch die Selbsterschließung Gottes nur im Horizont, in der Kategorialität und den Vorstellungsmodellen der damaligen Zeit geschehen konnte. Selbst das Neue Testament, das zwar nicht die Offenbarung ist, aber sie beinhaltet, kann hinter der ursprünglichen Intention Jesu zurückbleiben.

B: Es kommen aber noch andere Dinge hinzu. Inzwischen ist ja die Geistesgeschichte weitergegangen. Inzwischen hat uns *Kant* gelehrt, daß der Mensch stets als Selbstzweck geachtet werden müsse und deswegen nie funktionalisiert werden darf. Wenn das vom Menschen in seiner Totalität gilt, gilt es erst recht von der entscheidenden Stunde seines Lebens, und das ist seine Todesstunde. Weil der Tod des Menschen nie einem Zweck unterworfen werden darf, gilt gleiches auch vom Kreuzestod Jesu. Er verlöre seine Würde, wenn er, wie es in der Satisfaktionslehre geschieht, zweckhaft gedacht und dadurch funktionalisiert würde. So ergibt es sich zwingend aus Kants kategorischem Imperativ, auch wenn er selbst diese Konsequenz als „affektierte Humanität“ abgetan hätte.

H: Ist denn *Kant* eine Autorität, an der sich christliche Theologie orientieren kann?

B: Warum denn nicht? Wenn er etwas ans Licht gebracht hat, was für das Selbstverständnis des Menschen wichtig ist, muß man es akzeptieren. Und man muß dies im vorliegenden Fall umso mehr, weil es zu einem Paradigmenwechsel in einer Zentralfrage des Glaubens verhilft, konkret gesprochen: zu einer Neudeutung des Todes Jesu.

Indessen kommt aber noch etwas Entscheidendes hinzu: Wenn Jesus als Opfer hätte sterben müssen und wenn ihm das von Gott abverlangt worden wäre, hätte es in seinen Äußerungen einen Hinweis darauf geben müssen. Es gibt nun einige Äußerungen, die auf sein Todesbewußtsein schließen lassen. Die bedeutendsten sind die sogenannten Leidensweissagungen. Doch in all diesen Aussagen, die bisweilen sogar ins Detail gehen, fehlt jeder Hinweis auf den Grund, weswegen er leiden und sterben mußte. Auf diesen Grund seines baldigen Sterbens aber hätte er seine Jünger unbedingt hinweisen müssen. Daß er es unterließ, beweist, daß es diesen Grund für ihn nicht gab. Deswegen fehlt der Opfer- und Sühnetheorie jede Basis.

H: Diese Einsicht steht in unmittelbarem Zusammenhang mit dem, was wir in vorangegangenen Gesprächen herausgearbeitet haben, nämlich das Menschsein Jesu. Der Tod gehört konstitutiv zum Menschsein des Menschen und deswegen auch zum Menschsein Jesu. Aus diesem Grund kann auch, wie Sie vorhin sagten, sein Tod nicht funktionalisiert werden.

B: Das ist das entscheidende Argument, das nun aber gegen diese fast zur Selbstverständlichkeit gewordene Opfertheorie ins allgemeine Bewußtsein gebracht werden muß – sie ertönt ja sogar in *Bachs* Matthäus-Passion, wenn es heißt: „Wie wunderbarlich ist doch diese Strafe! Der gute Hirte leidet für die Schafe. Die Schuld bezahlt der Herre, der Gerechte, für seine Knechte!“ Das aber geht offensichtlich auf eine Fehldeutung des Todes Jesu zurück, da dieser Tod nicht funktionalisiert werden darf. Er hat nichts zu tun mit einer Ableistung der Sündenschuld der Welt. Das heißt allerdings in keiner Weise, daß Jesus die Sündenlast der Welt nicht auf sich genommen hat. Das war selbstverständlich seine große Tat. Die aber vollbrachte er nicht blutig am Kreuz, sondern in seiner gesamten Lebensleistung, denn diese zielt darauf ab, den Menschen aus dem Sumpf der Sünde herauszuholen und ihn einer gottähnlichen Existenz entgegenzuführen, wie das im Gedanken seiner Gotteskindschaft zum Ausdruck kommt.

H: Ihre überzeugende Argumentation gegen die Opfertodtheorie führt mit innerer Konsequenz zur Eliminierung der sogenannten Satisfaktionstheorie. Diese zählt zu den verhängnisvollsten Fehlentwicklungen in der abendländischen Theologie, was nicht daran hindert, daß sie heute noch allenthalben vertreten wird. Mit wenigen Worten soll gesagt werden, was man darunter zu verstehen hat. Der Begriff geht auf *Anselm von Canterbury* zurück. Man sollte aber ihm nicht anlasten, was spätere Generationen daraus gemacht haben. Sein Gedanke, der hier nicht entfaltet werden kann, ist viel differenzierter. Dahinter steht der Versuch, mit germanischem, formaljuristischem Rechtsdenken das christliche Heilsgeschehen zu erklären. Demnach bemißt sich die Schuld der Tat nicht nach der gesellschaftlichen Stellung des Täters, sondern immer nach dem Rang dessen, an dem die Tat begangen wird. Wer sündigt, beleidigt Gott und zerstört damit die Rechtsordnung. Wiedergutmachung, Genugtuung – satisfactio – ist unbedingt erforderlich, aber zugleich unmöglich, weil der unendliche Gott unendliche Sühne verlangen muß. Von einem Menschen kann das aber nie geleistet werden. Aus diesem Grunde mußte Gott Mensch werden, um durch Jesus, der Gott und Mensch zugleich ist, mit dem Menschen versöhnt zu werden. Diese Überlegung liegt der Satisfaktionstheorie zugrunde.

B: Sie hat sich sicher weithin durchgesetzt; dennoch krankt sie – wie Sie bereits gesagt haben – schon an der Künstlichkeit ihrer Konstruktion, denn danach kann die Menschheit zwar Gott unendlich beleidigen, aber auch alle menschlichen Sühneakte zusammengenommen ergeben keine hinreichende Satisfaktion. Deswegen muß Gott sich sozusagen auf unsere Seite stellen; er muß Mensch werden, um die nötige Sühneleistung erbringen zu können. Abgesehen von der Künstlichkeit dieser Ableitung, stehen aber auch ihre Voraussetzungen auf schwankendem Boden. Deswegen muß an dieser Stelle nachgefaßt, und der Tod Jesu auf seine wahre Bedeutung hin befragt werden. Wir stehen hier nach meiner Überzeugung an einer wichtigen Denkwende, die vor allen Dingen auch die durchgehende Rezeption dieses Satisfaktionsgedankens im kirchlichen Bewußtsein betrifft, und das geht ja hinein in viele Äußerungen, bis in die Liturgie und bis – wie ich vorhin angedeutet habe – in die christliche Kunst hinein. Immer wieder dieser Satisfaktionsgedanke; er widerstreitet jedoch, wie wir gerade zu Beginn unserer Diskussion gesagt haben, dem ausdrücklichen Gottesbegriff Jesu, seiner großen Gottesentdeckung. Der Gott der bedingungslosen Liebe braucht keine Opfer, er will keine Opfer: „Barmherzigkeit und Liebe will ich, nicht Opfer", so heißt es in dem bereits zitierten Wort des Propheten Hosea. Das nahm Jesus auf, darauf stimmte er sich mit seinem Leben und Sterben ein. Aber gibt es überhaupt eine alternative Deutung des Todes Jesu? Kann er überhaupt anders gesehen werden als so, wie er jetzt fast zweitausend Jahre hindurch entsprechend der von uns skizzierten Entwicklung gesehen worden ist? Das ist eine Frage, der wir uns noch sehr gründlich stellen müssen.

H: Es ist eine zentrale Frage Ihrer Neuen Theologie, Ihres neuen theologischen Ansatzes. Und immer wieder wird der auf den ersten Blick verständliche Einwand dagegen erhoben: Steht Ihre Theologie noch in der Tradition unserer zweitausendjährigen christlichen Überzeugung? Diesem grundlegenden Einwand muß mit einer ebenso grundsätzlichen Zurückweisung entgegengetreten werden. Das Christentum ist von seinem Ursprung her eine geschichtliche Religion, der Mensch ist wesentlich geschichtlich, und alles Nachdenken über das Christentum unterliegt den

Gesetzen der Geschichtlichkeit. Wenn es nicht gelingt, in der heutigen Weltsituation aus neuen Erkenntnissen heraus das Ganze neu zu denken, dann hat das Christentum der heutigen Welt nichts mehr zu sagen.

B: Ich würde das noch deutlicher sagen, und dann würde es heißen: Das Christentum ist immer noch unterwegs zu sich selbst. Wir sollten uns nie einbilden, daß zweitausend Jahre genügten, um all das auszuschöpfen, was durch die Menschwerdung Gottes, durch die Sendung des Gottessohnes und durch sein Wirken und Leiden in dieser Welt uns Menschen mitgeteilt und erschlossen worden ist. Wir sind immer noch dabei, die im Leben und Wirken Jesu an die Welt ergangene Gottesoffenbarung tiefer auszuschöpfen, als es bisher möglich war, und dazu gehört ganz gewiß auch die Neudeutung des Todes Jesu. Deshalb müssen wir seinen Kreuzestod aus den Fesseln der Satisfaktionslehre befreien, um ihn in seiner wahren Bedeutung aufleuchten zu lassen.

H: Und gleichzeitig wird man feststellen können, daß das Christentum in der Reflexion auf diese Wirklichkeit nie zu einem Ende kommt, weil dieses Nachdenken immer wieder für eine neue Epoche, von anderen Menschen, mit anderen Denkvorstellungen, geleistet werden muß.

4. Die neue Deutung des Todes Jesu

H: Sie haben, Herr Kollege Biser, in unserem vorangegangen Gespräch eine der zentralen und kaum hinterfragten Überzeugungen des Christentums, nämlich daß der Tod Jesu ein Opfertod sei, in Frage gestellt – ich möchte fast sagen, destruiert. Ein solcher Vorgang hat nur dann eine gewisse Legitimation, wenn an diese Stelle eine Deutung tritt, die eine überzeugende Neuauslegung dieses Sachverhaltes bietet. Wie sieht diese aus?

B: Um diese Neudeutung geht es tatsächlich in der Neuen Theologie. Um sie einzuleiten, müssen wir noch einmal zurückblenden auf die Art und Weise, wie Jesus seinen Tod erlebt und verstanden hat. Nach dem Lukasevangelium hat er sich ganz bewußt auf den Todesweg nach Jerusalem begeben, dorthin, wo alle Propheten umgebracht worden sind und auch ihm ein blutiges Ende droht. Wenn man das äußerlich betrachtet, war das nahezu der Weg eines Selbstmörders, der bewußt in seinen Tod hineinläuft. Das kann natürlich auf gar keinen Fall angenommen werden. Vielmehr muß sich auf diesem Weg sein Todesverhältnis ebenso wie sein Gottes- und Selbstverhältnis grundlegend geändert haben: Zunächst ist der Tod auch für ihn ein Schicksal, das ihm von Gott zugewiesen worden ist. Wenn er aber nicht den Weg eines Selbstmörders einschlug, muß sich jetzt eine fundamentale Verwandlung seines Todesbewußtseins ereignet haben, und das bedeutet: Er hat den Tod nun nicht mehr als Verhängnis empfunden, sondern als ein Ansinnen und als eine Aufgabe. Das steht natürlich in einem größeren Kontext. Wir sind gewohnt, ein Lebenswerk durch eine spektakuläre Tat gekrönt zu sehen. Wir erwarten von einem Menschen, der Großes geleistet hat, daß er am Ende seines Lebens etwas noch Größeres vollbringt. Für Jesus aber gilt das Entgegengesetzte. Er hat sein Lebenswerk durch Leiden und Tod gekrönt, und das heißt, der Tod hatte für ihn eine grundlegend andere Bedeutung: Er verstand ihn als den ihm von Gott zugewiesenen Auftrag. Damit änderte sich aber auch sein Verhältnis zu Gott und sein Verhältnis zu sich selbst. Gott war jetzt nicht mehr der Herr über Leben und Tod, der ihm diesen auferlegt und über ihn verhängt hatte, sondern derjenige, der ihn mit dem Tod beauftragte. Dadurch wird Gott für ihn zum Vater, der ihn zur Heimkehr ins Vaterhaus einlud. Er aber begreift sich als dessen vielgeliebten Sohn.

Das hat zur Folge, daß wir den Tod nicht mehr als eine Sühneleistung begreifen können, wie das während der nahezu gesamten Christentumsgeschichte geschehen ist, sondern daß wir ihn jetzt mit den Augen Jesu sehen lernen müssen. Das hängt mit dem zusammen, was er selbst darunter zu verstehen gab. Wir sprachen schon einmal von den Zeichenhandlungen, durch die Jesus seine Botschaft und, wesentlicher noch, sich selbst als das von Gott gegebene Zeichen verdeutlichte. Eine solche Zeichenhandlung hat Jesus nach dem Bericht der drei Synoptiker, vor allem aber nach dem des Apostels Paulus, kurz vor seinem Tod bei seinem Abschiedsmahl getätigt. Davon berichtet die älteste Überlieferung: In der Nacht, in der er verraten wurde, nahm er Brot, brach es und gab es seinen Jüngern mit den Worten: „Nehmt hin und eßt. Das ist mein Leib." Da Jesus aramäisch spricht und im Aramäischen Leib soviel wie Person besagt, müßte das noch genauer übersetzt werden, und dann würde er gesagt haben: „Nehmt hin und eßt, das bin ich für euch." Mit Leib ist aber nicht das gemeint, was wir aufgrund unserer abendländischen Tradition verstehen, wenn wir Leib und Seele unterscheiden. Für den Semiten, und insbesondere für den Juden, gibt es nur die Leib-Seele-Einheit. Wenn er also sagt: „Nehmt hin und eßt, das bin ich für euch", dann meint er die Totalität seiner Existenz. Wenn wir das voll gewichten, ergibt sich eine erstaunliche Deutung des Todes Jesu. Und die besagt: Er gibt sich als Individuum auf, um als Speise – und das heißt als Lebensinhalt – in den Seinen auf- und fortzuleben. Das ist die neue Deutung des Todes Jesu. Der Tod Jesu ist, so gesehen, der

Übergang von seiner Lebensgeschichte zu seiner im Tod beginnenden Wirkungsgeschichte. Jetzt muß allerdings etwas Entscheidendes hinzugenommen werden: Der Tod Jesu steht nie für sich allein, er ist vielmehr unzertrennlich verbunden mit dem Ereignis seiner Auferstehung. So gesehen gibt erst die Auferstehung Jesu seinem Tod die authentische Interpretation. Gott selbst deutet Jesu Tod, indem er den Sterbenden nicht in die Vernichtung absinken läßt, sondern ihn in seine Lebensfülle aufnimmt. Jetzt ist natürlich von einem Sühne- und Opfertod überhaupt nicht mehr die Rede; vielmehr ist der Tod jetzt der Übergang von der Lebens- zur Wirkungsgeschichte Jesu.

H: Wenn man das weiterdenkt, ist damit gesagt, daß nicht nur für Jesus, sondern grundsätzlich, Tod und Auferstehung eine einzige Wirklichkeit sind, von zwei verschiedenen Seiten betrachtet. Das Auseinanderfallen der Festfolge im Kirchenjahr hat seinen Grund darin, die verschiedenen Aspekte deutlicher zu beleuchten. Dann wäre aber damit auch die Frage beantwortet, die Sie gelegentlich stellen: Woher und wohin ist Jesus auferstanden?

B: Woher – er ist aus dem Tod auferstanden. Damit wird der Tod zur qualifizierten Verifikation seines tatsächlichen Sterbens. Sie wissen ja, es gibt neuerdings abenteuerliche Jesus-Bücher, in denen behauptet wird: Er ist gar nicht wirklich gestorben, sondern scheintot vom Kreuz abgenommen und dann von seinen Jüngern revitalisiert worden, so daß er sich einem größeren Kreis kurzfristig zeigen konnte, um sich schließlich nach Rom oder sogar in Richtung Kaschmir abzusetzen. So wird jedenfalls in neueren Publikationen die Tatsache des Todes Jesu wiederholt bestritten. Deswegen ist es entscheidend zu wissen: Jawohl, er ist wirklich am Kreuz gestorben, der Tod am Kreuz ist die bestbezeugte Tatsache seines ganzen Lebens. Unzertrennlich ist damit dann aber die Tatsache seiner Auferstehung verbunden. Hier aber stellt sich die von Ihnen soeben mit Recht aufgeworfene Frage: Wohin ist er denn eigentlich auferstanden? Das wird nicht in dieser Kürze zu bewältigen sein; denn damit öffnet sich eine völlig neue Dimension: die Dimension der Mystik. Jetzt ist mir aber noch Folgendes wichtig: daß der Kreuzestod Jesu tatsächlich als eine Tat, ja als seine krönende Lebenstat erscheint. Das widerstreitet unserem normalen Denken, denn für uns ist der Tod der Inbegriff der Passivität und der Vernichtung; damit den Gedanken einer krönenden Tat zu verbinden, das fällt uns ungemein schwer. Doch eben dazu müssen wir uns durchringen; und dafür hat uns der Johannesevangelist einen wichtigen Fingerzeig gegeben. Am Beginn der johanneischen Passionsgeschichte heißt es: „Da er die Seinen liebte, liebte er sie bis zum Äußersten." Dieser Satz beinhaltet die Erkenntnis: Der Tod Jesu war nicht nur eine Tat, sondern eine Liebestat. Im Tod Jesu hat sich Jesus definitiv als der erwiesen, der als die Verkörperung der Liebe Gottes in diese Welt eingetreten ist und dessen ganze Lebensleistung eine einzige Einführung der Menschheit in die Liebe Gottes war. Von dieser Neuentdeckung der Liebe Gottes sprach er nicht nur in Worten, vielmehr unterbaute er diese durch seine Wunder. Hinter seinen Worten steht ebenso wie hinter seinen Wundern der von ihm entdeckte „Vater der Erbarmungen und Gott allen Trostes". Wenn er den Leidenden die heilende Hand auflegt, ist das ebenso wie in seinen Seligpreisungen eine Verkündung der Liebe Gottes. Indessen bedurfte es noch einer letzten Verifizierung dieser Erkenntnis, und die erbrachte er dadurch, daß er seinen Tod nicht nur als eine Tat, sondern zu einer Liebestat gestaltete. Wenn der Tod Jesu so begriffen wird, begreift man auch, daß von diesem Tod eine gewaltige Wirkung ausging. Schon bevor die Auferstehung erfolgte, ist der Tod Jesu das größte Heilszeichen, das es in dieser Welt- und Heilsgeschichte jemals gegeben hat und das als solches neu begriffen werden muß.

H: Von diesen Überlegungen her eröffnet sich eine neue und andere Perspektive auf die Auferstehungsberichte im Neuen Testament. War das Grab leer? War es nicht leer? – und weitere Fragen dieser Art. Solche Probleme werden im Grunde genommen gegenstandslos im genauen Sinne des Wortes. Es sind Aussagen über eine Wirklichkeit, die man mit den Händen nicht mehr greifen kann, die Sie aber in Ihrer Interpretation – wie ich denke – überzeugend zur Darstellung gebracht haben.

B: Wir werden ja sicher noch einmal auf die Ostergeschichten zurückkommen, aber in diesem gegenwärtigen Zusammenhang doch der Hinweis: Die Berichte über die Lebensgeschichte Jesu ergeben bis zur Auferstehung ein vergleichsweise einhelliges Bild. Dann bricht alles auseinander, so daß ein geradezu surrealistischer Eindruck entsteht: Er kommt durch geschlossene Türen, er ist gleichzeitig an zwei Orten, er wird von den einen so, von den anderen anders gesehen – ein Hinweis auf die Tatsache, daß die Auferstehung alle Kategorien sprengt und daß alles in einer geradezu mystischen Dimension erscheint. Doch das ist nur die Bestätigung des vorhin Gesagten: In seinem Tod gibt sich Jesus als Individuum auf, um als Gegenwärtiger in den Seinen auf- und fortzuleben. So wurden Tod und Auferstehung Jesu bisher wohl nicht genügend begriffen; und darin besteht eine der Aufgaben der Neuen Theologie, das ins Bewußtsein zu heben und deutlich zu machen.

H: So überzeugend diese Interpretation ist, ich habe noch ein Restproblem, nämlich die Rede von der Aufgabe der Individualität. Vielleicht sollten Sie noch etwas genauer erläutern, was Sie darunter verstehen.

B: Das heißt nicht, daß Jesus sich als Person aufgibt – das wäre ein totales Mißverständnis –, sondern nur als eine in Raum und Zeit, in die Leiblichkeit eingebundene Individualität. So sieht es Paulus, wenn er folgert: Wie der Erste Adam zu einem lebendigen Wesen wurde, so wurde der Zweite Adam – gemeint ist Christus – zum lebendigmachenden Geist. Also bleibt er Person, mehr noch: Er wird eine uns alle umgreifende Person. Wir werden später noch zu sehen haben, in welcher Weise wir von Christus umgriffen sind, der gleichzeitig in uns wohnt und uns zum Lebensinhalt geworden ist. Das individuelle Dasein in Raum und Zeit nimmt demnach mit dem Tod ein Ende. Dann aber beginnt das pneumatische Dasein: Als lebendigmachender Geist beseelt Christus die Welt und jeden Einzelnen von uns. Das ist die frohe Botschaft von Ostern.

H: Aber handelt es sich dabei nicht um eine christliche Variante eines Pantheismus?

B: Auf gar keinen Fall! Die Personalität ist und bleibt die zentrale Kategorie des Christentums.

5. Das Christentum und die Mystik

H: In unseren vorangegangenen Gesprächen kam das Wort Mystik immer wieder vor. Die damit gemeinte Wirklichkeit hat im Christentum zentrale Bedeutung und soll deshalb ausdrücklich Gegenstand unserer Überlegungen sein. Zunächst erheben sich Fragen. Der durchschnittliche Christ wird mit dem Begriff Mystik, zumindest im Blick auf sich selbst, wenig verbinden können. Wenn von Mystik die Rede ist, dann denkt man an die großen Gestalten der christlichen Mystik wie etwa *Johannes vom Kreuz, Johannes Tauler, Meister Eckhart, Nikolaus von Kues, Hildegard von Bingen, Therese von Lisieux,* um nur einige zu nennen. Gestalten von solchem Format sind geeignet, den einfachen Christen darin zu bestärken: Mystik ist nichts für mich! Dagegen steht aber ein Wort von *Karl Rahner*, das auch Sie immer wieder zitieren, wonach Mystik und Christsein identifiziert werden: Der künftige Christ wird ein Mystiker sein oder er wird nicht mehr sein. Hier deutet sich ein Verständnis von Mystik an, das über den von mir angesprochenen Personenkreis weit hinausreicht.

B: Das hängt wohl damit zusammen, daß Mystik für viele etwas Außerordentliches, etwas Supernaturales bedeutet. Wenn sie von Mystik hören, denken sie an Visionen, an Auditionen und Stigmatisationen. So hört man es immer wieder im Zusammenhang mit Mystik. Wenn Rahner das eben von Ihnen zitierte Wort formuliert, hat er auf all das verzichtet und auf die Frage, was eigentlich unter einem Mystiker zu verstehen ist, nur die verblüffend einfache Antwort gegeben: „Ein Mensch, der Gott zu erfahren sucht." Das ist das Zentrum der Mystik.

Doch jetzt zurück zu dem von Ihnen angesprochenen Problem! Es gibt bei uns nicht nur Menschen, die mit Mystik nichts anfangen können, es gibt auch eine wachsende Anzahl von Menschen, die nach Mystik verlangen und der Kirche den Vorwurf machen, den großen Schatz mystischer Erfahrungen und Gebetsformen unter Verschluß gehalten und nicht an die Gläubigen weitergegeben zu haben. Hier ist allerdings eine merkwürdige Bewußtseinsverzerrung zu verzeichnen. Anstatt bei Theologen nachzufragen, was Mystik ist und für sie bedeuten könne, wenden sie sich dem Buddhismus oder gar der Esoterik zu und suchen im außerchristlichen Feld das, was ihnen vermeintlich oder auch wirklich von der Kirche vorenthalten wird. Tatsächlich stellt sich heute für viele das Problem, ob Mystik nicht auch für sie ein wesentliches, vielleicht sogar zentrales Element ihres religiösen Lebens werden könne. Wenn man die Dinge so angeht, wird man an eine dafür zentrale Gestalt zurückverwiesen: an den Apostel Paulus. Es gibt allerdings in der modernen Paulusforschung die entgegengesetzte Tendenz, die in der Behauptung gipfelt, daß Paulus kein Mystiker gewesen sei. Wer das behauptet, muß den Vorwurf hinnehmen, daß er sich nicht konsequent in die Denkwelt des Apostels Paulus vertieft hat.

Wer bei Paulus wirklich nachforscht – das hat die ältere Paulusforschung mit *Albert Schweitzer* an der Spitze mit aller Deutlichkeit gezeigt –, stößt auf zwei Formeln, die fast alle Paulusbriefe durchziehen. Die eine Formel heißt: „In Christus", die andere: „Christus in mir". Ich bezeichne diese beiden Formeln als die beiden Säulen, die das Gebäude der paulinischen Mystik tragen. Man muß sich allerdings fragen, was mit diesen Formeln letztlich gemeint ist. Nach einem der bedeutendsten Paulusforscher, meinem Lehrer *Alfred Wikenhauser*, imaginiert das „in Christus" die Vorstellung von einer Sphäre, die uns umgibt und umhüllt. Wir sind somit seit der Auferstehung Jesu nie ganz allein gelassen, sondern in dieser geheimnisvollen Sphäre, die von nichts und niemand anderem als von dem fortlebenden Christus gebildet wird, umfangen. Wir haben uns in der letzten Diskussion Gedanken über die Personalität Christi gemacht und kamen zu dem Schluß: Individuum ist Jesus nicht mehr, wohl aber Person, mystische Person und lebendigmachender Geist, wie Paulus sich ausdrückt. Als dieser lebendigmachende Geist umhüllt er nicht nur die Christenheit, sondern mit ihr zusammen die ganze Welt. Das ist also der eine Pol, die eine Säule des Gebäudes der paulinischen Mystik. Dann aber gibt es noch den anderen Pol: „Christus in mir", das ist für Paulus sogar das noch Wichtigere. Im Konflikt mit Petrus in Antiochien blendet er in einer hinreißenden Wendung von der Kontroverse unmittelbar zurück auf sein innerstes Selbstverständnis. Dabei steigert er sich zu dem unvergleichlichen Wort: „Mit Christus bin ich gekreuzigt; ich lebe, doch nicht ich: Christus lebt in mir; sofern ich aber noch in diesem Leibe lebe, lebe ich im Glauben an den Gottessohn, der mich geliebt und sich für mich hingegeben hat." Wenn irgendwo, bekommt man hier den Herzschlag der paulinischen Mystik zu fühlen, denn Paulus versteht sich nicht mehr als Individuum wie in seiner vorchristlichen Zeit; ein anderer hat von ihm Besitz ergriffen, der ihm ins Herz gesprochen wurde und ihm zum Lebensinhalt geworden ist. Am Ende des Römerbriefes zieht er daraus die Konsequenz mit dem erstaunlichen Satz: „Ich wage nicht irgendetwas zu sagen, was nicht von Christus in mir bewirkt worden ist." Er lebt somit der Überzeugung, daß er ungeachtet des ungebrochenen Fortbestandes seiner Subjektivität von einem anderen geleitet, inspiriert, bewogen und gehalten wird und daß dieser andere ihm zum mystischen Lebensinhalt geworden ist. Das ist der Kern der paulinischen Mystik.

H: Nun stehe ich aber noch einmal vor der Frage, die ich eingangs gestellt habe: Diese grandiose Schilderung der paulinischen Mystik bringt den einzelnen, einfachen Christen auch nicht unbedingt auf den Gedanken, er könnte in solcher oder ähnlicher Weise ein Mystiker sein. Darüber hinaus ist auch zu fragen, warum das Bewußtsein von Mystik – jedenfalls in weiten Kreisen – nahezu verlorengegangen ist.

B: Die Gründe liegen in der Glaubensentwicklung des letzten und vorletzten Jahrhunderts. Da war die Kirche der Meinung, den Glauben festschreiben zu sollen, und da entstand dann auch die neuscholastische Theologie, die ich in Verdacht habe, aus dem Christenglauben eine Ideologie gemacht zu haben. Wo das geschieht, ist kein Raum für Mystik. Das könnte man auch kirchengeschichtlich festmachen. Unser gemeinsamer früherer Erzbischof *Konrad Gröber* hat zwar ein Buch über den Mystiker *Heinrich Seuse* veröffentlicht, gleichzeitig aber mit Leidenschaft gegen die Mystik gewettert, weil er geglaubt hat, daß dadurch das feste christliche

System in Frage gestellt werde. Das war natürlich nicht nur die Meinung eines einzelnen Bischofs, sondern weitgehend die allgemeine Ansicht, und so kam es, daß die Mystik in Mißkredit gebracht worden ist. Man hat allerdings mit Mystik etwas verbunden, was nicht so ohne weiteres vom Tisch zu bringen ist, nämlich die Vorstellung, daß der Mystiker die sakramentale Ordnung überspringe und daß er für sich ein Gottesverhältnis in Anspruch nehme, das der kirchlichen Vermittlung nicht bedarf. Dazu kam noch eine zweite Voreingenommenheit. Man war der Meinung, der Mystiker sei ein religiöser Genießer, der sich in seine Abgeschiedenheit zurückziehe und vergesse, daß er eine Verantwortung für die Welt trägt. Beide Voreingenommenheiten müssen ausgeräumt werden.

H: Das ist einsichtig. Der Prozeß, den Sie mit Ihrem ersten Gedanken angesprochen haben, setzt schon viel früher ein, nämlich bei *Augustinus*. In seiner späten Phase hat er den Glauben, der ein Akt personaler Freiheit sein muß, in solchem Maße auf die objektiven Inhalte bezogen, daß der subjektive Aspekt, und damit das für den christlichen Glauben unverzichtbare Element der Freiheit, stark in den Hintergrund trat und bisweilen ganz verdrängt wurde. Dadurch war der mystischen Erfahrung mit ihrer Betonung der Subjektivität und Freiheit der Boden entzogen. In der Theologie der Neuscholastik hat diese Entwicklung einen gewissen Höhepunkt erreicht. Die Neuentdeckung der mystischen Dimension des Christentums hat deshalb notwendige Korrekturen zur Folge, die nahezu alle Bereiche der Kirche, nicht zuletzt deren juristische Strukturen, betreffen. Es wird lange dauern, bis sich die dadurch gewonnenen neuen Einsichten durchsetzen werden. Diese Revision wird aber nicht ausbleiben dürfen, wenn der Mensch als Person Christ sein soll.

B: Wir werden in Bälde auch über das Problem des Glaubens sprechen müssen, und in diesem Zusammenhang werde ich die These vertreten, daß wir eine Wende vom Gegenstands- zum Innerlichkeits- und Identitätsglauben erleben. Selbstverständlich haben Sie darin Recht, daß das Glaubensbewußtsein der Christen bisher weitgehend auf Bilder und auf Dogmen, also auf Vergegenständlichungen fixiert war. Glaube war in gewisser Hinsicht etwas uns Entgegenstehendes. Man könnte es mit der Fassade eines großen gotischen Doms vergleichen. Sie ist zweifellos auf ihre Weise faszinierend. Da sind zahlreiche Glaubensgeheimnisse dargestellt, manchmal in Form eindrucksvoller Plastiken. Aber bei einem Dom kommt es ja nicht nur darauf an, die Fassade zu bewundern, sondern durch das Portal in seinen Innenraum einzutreten. Wir stehen nach meiner Überzeugung immer noch vor der Fassade des Kirchenraums. Es ergeht uns wie dem

„Mann vom Lande“ in *Kafkas* Parabel „Vor dem Gesetz“, der durch den Türhüter abgehalten wird, in das Gesetz einzutreten, um dann in der Todesstunde zu erfahren, daß dieser Eingang nur für ihn bestimmt war und daß er aus Ängstlichkeit das nicht zu tun wagte, was er unter allen Umständen hätte tun sollen. So meine ich, müssen auch wir uns den Eintritt in die Innenwelt des Glaubens gegen manche Hemmungen und Widerstände erkämpfen. Doch darauf kommt es an, weil wir erst dann die Chance haben, unseres Glaubens in seiner Bedeutung für die menschliche Selbstwerdung voll bewußt und froh zu werden.

H: So verstanden bedeutet Glaube nicht Einengung, sondern Befreiung. Wenn man vom Inneren dieses Doms, von dem Sie gesprochen haben, nach draußen blickt, dann erfährt man, daß man nicht eingesperrt ist, sondern daß sich der Horizont ins Unendliche weitet.

B: Und diese Befreiung hat die Kirche nicht zu fürchten, denn mit bloßen Mitläufern ist ihr nicht geholfen. Wenn sie die Zukunft erringen will, braucht sie Menschen, die ihres Glaubens bewußt und froh sind und die auch die Bereitschaft mitbringen, sich für den Glauben einzusetzen, gerade auch dadurch, daß sie etwas von ihrem Glaubensglück an ihre Mitwelt weitergeben. Zu Unrecht steht der Mystiker im Verdacht, ein auf sich selbst zurückgezogener Individualist zu sein. Es genügt, auf die von Ihnen erwähnte *Therese von Lisieux* und ihren Einsatz für die Mission zu verweisen, um das Gegenteil zu verdeutlichen.

6. Die Auferstehung Jesu

H: Ohne die Auferstehung Jesu ist das Christentum nicht denkbar. Man kann das Christentum im Ganzen verwerfen, aber man kann nicht die Auferstehung Jesu verwerfen und am Christentum festhalten wollen. Das ist ein Basissatz. Zugleich ist die Auferstehung in vielfacher Hinsicht außerordentlich schwer zu vermitteln. Diese Schwierigkeit liegt durchaus in der Sache begründet und birgt eine doppelte Gefahr: zum einen, daß man in Bildern und Vorstellungen verhaftet bleibt und die darin liegende Verweisfunktion auf eine transzendente Wirklichkeit verkennt; zum anderen, daß diese gemeinte Wirklichkeit ins Symbolische aufgelöst wird. Schon die Berichte des Neuen Testamentes werfen eine Reihe von Problemen auf. Dazu gehört vor allem die Deutung des leeren Grabes. Ist es als ein empirisch überprüfbarer Sachverhalt zu verstehen, was heute durchaus noch üblich ist, oder muß man in diesen Berichten nicht Darstellungsmittel sehen, mit deren Hilfe der

Versuch gemacht wird, ein Geschehen zur Sprache zu bringen, das unsere raum-zeitlichen Kategorien übersteigt und deshalb unserem Begreifen und unseren Vorstellungen grundsätzlich entzogen bleibt. Damit sind Themen angesprochen, die den Fortgang unserer Überlegungen bestimmen werden.

B: Auch für mich ist – um es mit dem Exegeten *Ulrich Wilckens* zu sagen – die Auferstehung der Angel- und Drehpunkt des ganzen Christentums und dessen unverzichtbares Fundament. Wenn die Auferstehung wegfällt, fällt das Christentum in sich zusammen, das muß ganz klar gesehen werden. Aber ebenso muß gesehen werden, daß sich damit eine Reihe von Problemen ergibt, die wir jetzt miteinander zu diskutieren haben. Dazu gehört beispielsweise das von Ihnen angesprochene leere Grab und die Frage, was es zu bedeuten hat. Noch wichtiger wären dann aber die Ostergeschichten, in denen uns der Auferstehungsgedanke vermittelt wird. Daß das Ereignis der Auferstehung Jesu ein historisches Faktum ist, wird man unbedingt sagen müssen, wenn auch nicht vorbehaltlos. Das sah vor allem *Schelling,* wenn er in seiner „Philosophie der Offenbarung" sagte: „Tatsachen wie die Auferstehung Christi sind wie Blitze, in welchen die höhere Geschichte in die bloß äußere hindurchbricht." Das scheint mir eine sehr exakte Bezeichnung dessen zu sein, was Auferstehung bedeutet. Und das heißt selbstverständlich: Auferstehung ist sicher ein Ereignis, das sich in der Geschichte ereignet, aber das aus der Geschichte ausbricht und auf höhere Dimensionen verweist.

H: Das war die Einsicht, die wir im Zusammenhang mit dem Tod Jesu erarbeitet haben, daß im Grunde genommen die Auferstehung Jesu die andere Seite seines Todes ist. Der Tod ist ein geschichtlich nachweisbares und nachgewiesenes Ereignis, die Auferstehung besteht genau darin, daß sie die Geschichtlichkeit in diesem Sinne verläßt, daß sie Raum und Zeit überschreitet und insofern nicht mehr zu unserer Geschichte unter diesem Gesichtspunkt zählt.

B: Wichtig scheint mir auch die Erklärung der Schwierigkeit zu sein, von der Sie vorhin gesprochen haben. Der heutige Mensch tut sich schwer mit der Auferstehung Jesu. Warum? Weil wir im Bann der Aufklärung stehen. Ein extremer Aufklärungstheologe, *David Friedrich Strauß*, vertrat den Standpunkt, daß die Geschichte immer nur mit innerweltlichen Fakten und deren Zusammenhang zu tun habe und daß Ereignisse nach Art der Auferstehung den inneren Zusammenhang der Geschichte durchbrechen und alle Geschichte unmöglich machen würden. Das ist eine Auffassung, die auch auf das Christentum übergegriffen und zu großen Denkschwierigkeiten geführt hat. Dem möchte ich jedoch einen kühnen Gedanken entgegenhalten: Wenn wir in unserer Geschichte Ereignisse erlebt haben, die sich dem normalen Geschichtsbewußtsein entziehen, wie etwa den freiheitlichen Aufbruch von 1989, in dem ohne Kampf und Blutvergießen Millionen von Menschen aus einem diktatorischen System entlassen worden sind, haben wir etwas erlebt, was den Denkzwang der Aufklärung aufhebt. Ohne darauf näher einzugehen, möchte ich damit aber doch angedeutet haben, daß zu meinem Verständnis der Geschichte auch die Tatsache gehört, daß ein göttlicher Eingriff denkbar ist, wenn sicher auch nicht in Form eines faktizistischen Geschehens, weil Gott damit in die Ordnung der Fakten herabgezogen würde. Nein, ein göttlicher Eingriff muß nach dem Modell des Ostergeschehens genealogisch als Aufnahme in ein Nah- und Intimverhältnis zu Gott gedacht werden.

Doch jetzt zurück zur eigentlichen Frage nach der Auferstehung. Sie haben das leere Grab angesprochen; es ist nichts anderes als die Verifizierung, daß es sich wirklich um einen echten Tod handelt und keineswegs um einen Scheintod. Damit erschöpft sich dann aber auch die Frage nach dem leeren Grab; mehr hat es nicht zu bedeuten. Obwohl es früher, nach dem, was Sie gesagt haben, als das eigentliche Beweisstück für die Auferstehung angesehen worden ist, muß daran festgehalten werden, daß im Neuen Testament das leere Grab nirgendwo als Beweis für die Auferstehung angesehen wird. Dafür gibt es ganz andere Beweise; in erster Linie die Osterzeugnisse, aber auch das, was sich um sie gerankt hat: die Ostergeschichten der Evangelien.

Wir sollten vielleicht da einsetzen; denn wir haben uns in einer unserer letzten Unterredungen bereits klargemacht, daß die Evangelien von der Lebensgeschichte Jesu bis zu seinem Kreuzestod einen vergleichsweise einheitlichen Eindruck vermitteln, daß dann aber die Dinge vollkommen auseinanderbrechen, so daß ein geradezu surrealistisches Bild entsteht. Deswegen dann die Frage: Was steckt denn eigentlich hinter diesen Ostergeschichten, die sich so vielfältig zu widersprechen scheinen, in denen der Auferstandene manchmal durch verschlossene Türen kommt, sich dann wieder entzieht, an unterschiedlichen Orten gleichzeitig erscheint und dann wieder den Eindruck erweckt, als ob er völlig ungreifbar wäre. Was steckt dahinter? Meine Antwort heißt: der Protokollsatz. Und das ist der Satz aller Osterzeugen: „Ich habe den Herrn gesehen." Im 15. Kapitel des Ersten Korintherbriefs sieht sich der Apostel Paulus vor die Frage gestellt: Was bedeutet denn die Auferstehung? Er nimmt das zum Anlaß, seine Überzeugung auf den Punkt zu bringen und die älteste Tradition in die Worte zu fassen: „Er ist dem Kephas erschienen, danach den Zwölfen, danach fünfhundert auf einmal, dann dem Jakobus und allen Aposteln, zuletzt aber erschien er mir." Dasselbe bekundete er aber zuvor schon im

9. Kapitel des Ersten Korintherbriefs, wenn er fragt: „Bin ich nicht frei? Bin ich nicht Apostel? Habe ich nicht unseren Herrn Jesus gesehen?" Somit lautet der Protokollsatz: „Ich habe den Herrn gesehen."

H: Der Terminus „ Sehen" ist doppeldeutig. Es kann damit das körperlich-visuelle Wahrnehmen ebenso wie eine geistige Erfahrung gemeint sein. Das gilt auch für das „ophte" des Urtextes: „Er wurde gesehen" oder „er ist erschienen"; beide Übersetzungen sind möglich. In unserem Kontext muß in jedem Fall eine geistig-geistliche Erfahrung damit verbunden werden. So mündet auch dieser Gedanke in die Mystik ein.

B: Ganz richtig. Das Ganze dringt in die mystische Sphäre ein, indessen hat es eine historische Basis, einen geschichtlichen Fixpunkt, an dem alles festgemacht ist. Dieser historische Fixpunkt wird bezeugt mit dem „ophte", das Sie gerade eben zitiert haben; und das bedeutet ebenso: „ich habe gesehen" wie „er hat sich mir gezeigt" und „er hat sich sehen lassen". Das impliziert dann jedoch die wichtige Frage, die Sie gerade gestellt haben, die Frage: Was steckt denn eigentlich hinter diesem „ophte", also hinter dem Protokollsatz: „Ich habe den Herrn gesehen"? Damit verabschieden sich die meisten Osterzeugen aus den Berichten.

Indessen gibt es eine Ausnahme, auf die nach meinem Verständnis viel zu wenig Bezug genommen wird, und das ist das Zeugnis des Apostels Paulus. Paulus ist in der Sicht der von mir vertretenen Theologie der antwortende Osterzeuge. Er antwortet auf eine Frage, die wir unwillkürlich an die Osterzeugen und ihren Protokollsatz stellen: Was habt ihr denn eigentlich gesehen? Was habt ihr erlebt? Welche Erfahrung habt ihr in dem Augenblick gemacht, den ihr mit dem Protokollsatz „Ich habe den Herrn gesehen" umschreibt? Paulus gibt in seinen Briefen darauf eine dreifache Antwort. Eine grundsätzliche im Galaterbrief. Es ist der Brief, in dem es um die Identität seines Evangeliums geht. Um wirklich argumentieren zu können, greift er auf den Ausgangspunkt seines ganzen Christseins, auf sein Damaskus-Erlebnis, zurück. In jener Stunde, so betont er, habe sich ihm Gott mitgeteilt in seinem Sohn, wörtlich: „Da gefiel es Gott in seiner Güte, seinen Sohn in mir zu offenbaren." In moderner Umsetzung würde das heißen: „In jener Stunde ist mir das Geheimnis des Gottessohnes ins Herz gesprochen worden." Das ist das erste Zeugnis, das ich als das grundlegende bezeichnen möchte. Es gibt sodann ein zweites, das Zeugnis des Zweiten Korintherbriefs. Da geht Paulus das Wagnis ein, die Auferstehung Jesu mit dem Anfang der Schöpfung in Zusammenhang zu bringen. Es lautet: „Gott, der gesagt hat: Es werde Licht, er hat es auch in unseren Herzen tagen lassen zum strahlenden Aufgang seiner Herrlichkeit auf dem

Antlitz Jesu Christi." Das ist übrigens die einzige Stelle, wo vom Gesicht des Auferstandenen die Rede ist. Das Gesicht des Auferstandenen ist der Ort, an dem die Herrlichkeit Gottes aufleuchtet; das ist die eigentliche Kernerfahrung von Offenbarung. Bemerkenswert ist dabei, daß Paulus meint, sein Damaskus-Erlebnis habe ihn in eine besondere Beziehung zum Anfang der Schöpfung gebracht. Für ihn ist Ostern somit die Neuschöpfung, durch die die alte und ursprüngliche Schöpfung auf eine neue Basis gehoben wurde. Dann gibt es noch eine dritte Stelle. Im Brief an seine Lieblingsgemeinde von Philippi sagt Paulus, und jetzt in der Kontroverse mit Gegnern: „In jener Stunde hat Christus von mir Besitz ergriffen. Ich möchte es ergreifen", – so sagt er wörtlich – „wie ich von Christus ergriffen worden bin", und gibt damit dem „ophte" die Bedeutung von Ergriffensein. Es hat demnach nicht nur eine akustische Dimension, sondern auch eine optische und auch eine haptische, also die eines Ergriffen- und Überwältigtwerdens. Demzufolge ist er von Christus förmlich in Bann geschlagen worden, so daß ihm das Leben seither in dem Wunsch besteht, den immer vollständiger zu begreifen, von dem er ergriffen worden ist. Deutlicher kann doch ein Mensch für ein Ereignis, das ihm widerfahren ist, gar nicht einstehen!

H: Eine Realität erleben, das heißt, sie geistig erfassen, und deshalb sollte man den Akzent nicht auf die empirische Erfahrung legen, sondern den Vorgang in der Innerlichkeit als das Entscheidende werten.

B: Es ist ganz eindeutig so: Mit der Auferstehung beginnt die Mystik, von der wir schon gesprochen haben und auf die wir in unseren weiteren Unterhaltungen sicher wieder zurückkehren müssen; denn die Mystik ist die zentrale Dimension des Christentums oder, um es noch einmal in dem bereits erwähnten Bild zu sagen: Wir müssen die Fassade des gewaltigen Dombaus durchschreiten, um in den Innenraum einzutreten. Dort werden wir unseres Christenglaubens erst voll bewußt; dort lernen wir erst wirklich, was es heißt, aus ihm zu leben.

H: Und an dieser Stelle gilt es nun, auch den Vollzug des Glaubens neu zu bedenken. Das soll in einem nächsten Gespräch geschehen.

7. Der innere Lehrer

H: Wenn man im Alltag von einem Lehrer spricht, dann denkt man an einen Menschen, der aufgrund seiner Kompetenz andere über einen Sachverhalt informiert. Im katholisch-christlichen Raum verbindet man damit sehr schnell den Terminus des Lehramtes, welches mit Autorität den Gläubigen Inhalte vorlegt, die sie ihrerseits in Gehorsam entgegennehmen müssen. Nun haben Sie, lieber Herr Biser, ein Buch geschrieben mit dem Titel „Der inwendige Lehrer. Wege zur Selbstfindung und Heilung“. Wie läßt sich das, was in diesem Titel zum Ausdruck kommt, mit der traditionellen Vorstellung, die ich gerade angesprochen habe, vereinbaren?

B: Bei der Beantwortung muß ich ein wenig ausholen. Unabhängig von dem, was Sie soeben gesagt haben, kommt es in meiner Theologie vor allen Dingen darauf an, den vergessenen Gegenstand der Einwohnung Christi im Herzen der Glaubenden der Vergessenheit zu entreißen. Das aber ist nicht erst ein Interesse der Neuen Theologie, sondern schon das Interesse des Apostels Paulus, der am Ende seines Römerbriefes betont, daß er sich nicht unterfange, irgendetwas zu sagen, was nicht Christus in ihm bewirkt habe. Da kommt das Motiv des inwendigen Lehrers schon zum Tragen. Was Paulus damit verbindet, deutet aber auch auf einen Lernprozeß hin, der durch diesen inwendigen Lehrer ausgelöst wird. Selbstverständlich stellt sich jetzt die Frage, ob das jemals aufgegriffen und auf den Nenner gebracht worden ist. Das ist nun tatsächlich der Fall beim frühen *Augustinus*; denn Augustin hatte einen Sohn, einen jungen Mann von schreckenerregender Intelligenz, wie er sich einmal ausdrückt. Kurz vor dessen allzu frühem Tod – er ist schon mit siebzehn Jahren gestorben – kommt es zu einem Gespräch zwischen Vater und Sohn, das Augustin unter dem Titel „Der Lehrer“ publiziert hat. In diesem Dialog überläßt er dem Frühvollendeten das Schlußwort, der das Ergebnis des Gesprächs in dem Satz zusammenfaßt: „Mir ist durch deine Worte klar geworden, daß ein Lehrer durch die Sprache nur einen Teil von dem verdeutlichen kann, was er sich denkt. Klar geworden ist mir insbesondere, daß immer dann, wenn wir etwas verstehen, derjenige uns beisteht, der uns durch das äußere Wort von seinem Wohnen in unserem Inneren in Kenntnis setzt.“ Dann schließt er mit dem schönen Vorsatz: „Ihn will ich lieben und dies um so mehr, je mehr ich in der Lehre Fortschritte mache.“ Das Buch heißt – wie gesagt – „De magistro“, doch im Hintergrund steht der Gedanke des inwendigen Lehrers, des magister interior, und das ist der Punkt, auf den ich mit diesem Buch abgezielt habe und der jetzt für uns zur Diskussion ansteht. Was ist mit diesem inwendigen Lehrer gemeint?

Selbstverständlich ist das eingebettet in die große biblische Tradition, nur kommt dort ein anderer Ausdruck vor, gemeint ist jedoch dieselbe Sache. Im Johannesevangelium heißt dieser Lehrer: „der Beistand“. Von ihm wird gesagt: „Er wird uns alles lehren und uns an alles erinnern, was

Christus gesagt hat; denn er ist der Geist, der uns in alle Wahrheit einführt." Gemeint ist damit der inwendige Lehrer.

H: Genau an diesem Punkt kommt ganz klar die Differenz zum Ausdruck, die zwischen Ihrem neuen theologischen Ansatz und der traditionellen Theologie im Sinne Augustins besteht. Nach der klassischen Theologie müßten es ja die Lehren sein, die dem Menschen zu seiner Selbstfindung und zu seinem Heil verhelfen. In der Perspektive Ihrer Theologie ist eine derartige Objektivierung ausgeschlossen. Diese Einsicht hat ebenso schwerwiegende wie notwendige Konsequenzen für die Struktur der Kirche sowie für das Verständnis des Amtes und der Sakramente, um nur die wichtigsten Problemfelder zu nennen.

B: Das ist vollkommen richtig, ich würde es nur etwas milder formulieren, als Sie es getan haben, und würde sagen: Wir müssen von den Lehren zurück zum Lehrer, so wie wir von den Dogmen zurück müssen zu dem, der in den Dogmen gemeint ist. Und eben dies kann man schon bei Paulus lernen. Paulus steht ja im Verdacht, daß er durch seine Konzeption die Botschaft Jesu verdrängt, sich gleichsam an seine Stelle gesetzt habe. Das ist jedoch in keiner Weise der Fall. Wer Paulus genauer liest, der weiß, daß er vielfältig auf die Botschaft Jesu zurückgreift. Doch das ist gar nicht das Entscheidende. Das Entscheidende besteht darin, daß Paulus wie kaum einer vor ihm und nach ihm begriffen hat, daß die Gottesoffenbarung nicht so sehr in der Fülle der einzelnen Lehren als vielmehr in dem besteht, der als Gottesbote zu uns gekommen ist. „Er kommt vom Herzen Gottes", heißt es zu Beginn des Johannesevangeliums, „und hat uns Kunde gebracht." Als Botschafter ist er selbst die Botschaft. Das hat neben andern Konsequenzen auch die, welche die Lektüre des Neuen Testamentes betrifft. Das Neue Testament ist ein Kompendium von vielerlei, sich in mancherlei Hinsicht auch widersprechender Aussagen und Lehren. Deshalb muß der authentische Lehrer, also Christus selbst, als leibhaftiges Interpretament an diese Aussagen herangetragen werden. Als Bote und Botschafter ist er zugleich der Interpret und Schlüssel. Und wenn man so verfährt, wenn man also Christus selbst an die Sätze des Neuen Testamentes heranträgt, macht man, wie bereits erwähnt, die merkwürdige Beobachtung, daß manche, die beim ersten Lesen erschrecken, weil sie Drohcharakter haben, verblassen, während andere, die man zunächst überlesen hat, plötzlich zu leuchten beginnen und zu ungeahnter Bedeutung gelangen.

Man kann das an einigen Beispielen festmachen. So ist es, wie gleichfalls schon vermerkt, dem großen Leser des Neuen Testamentes, *Sören Kierkegaard*, ergangen. Am Sockel der Christusstatue von *Thorvaldsen* in der

Frauenkirche von Kopenhagen, die er Sonntag für Sonntag besuchte, las er den in goldenen Lettern eingravierten Satz: „Kommt her zu mir, ihr Bedrückten und Bedrängten, ich will euch Ruhe geben." Dieser Satz wurde für ihn zum Schlüsselsatz seiner ganzen Christologie. Man könnte das auch an anderen Beispielen ersehen. So lesen wir beispielsweise in der lukanischen Bergpredigt einen Satz, von dem ich mit Staunen registriere, daß er in der theologischen Rezeption fast keine Rolle spielt: „Gott ist gütig, sogar gegen die Undankbaren und Bösen." Wenn Christus als Interpretament an diesen Satz herangetragen wird, erscheint er tatsächlich als der Kern- und Zentralsatz der ganzen Bergpredigt. Und noch ein letztes Beispiel. Im Markusevangelium sagt Jesus einmal von sich: „Der Menschensohn ist nicht gekommen, um sich bedienen zu lassen, sondern um zu dienen." Auch das ist ein Satz, über den man zunächst einmal hinweglesen möchte. Wenn Jesus aber als Schlüssel an diesen Satz herangetragen wird, begreift man auf einmal: Das ist die zentrale Aussage über Jesus und seine ganze Lebensleistung. Denn er will nicht bedient werden, er will dienen. Er stellt das Verhältnis von Knecht und Herr auf den Kopf. Er macht sich selber zum Diener. Wenn man dann noch die Frage stellt: „Womit bedient er uns denn?", drängt sich die Antwort geradezu auf: Er bedient uns mit sich selbst und macht sich uns zum Geschenk.

H: Ein gängiges Vorurteil gegen das Christentum ist damit entkräftet. Christsein bedeutet nicht Heteronomie und Fremdbestimmung. Der Mensch entdeckt vielmehr die Mysterien des Glaubens in sich selbst. Aus dieser Sicht muß noch manches neu bedacht werden. Das gilt vor allem für den Akt des Glaubens selbst.

B: Das ist vollkommen klar; deswegen werden wir gelegentlich noch intensiver über den Glauben nachdenken müssen. Doch zunächst möchte ich noch einmal den Lernprozeß verdeutlichen, der jetzt mit dem inwendigen Lehrer in Gang gekommen ist. Er ist erstaunlicher, als man sich vorstellen kann, denn in diesem Lernprozeß mischt sich der inwendige Lehrer selbst in das Glaubensverständnis des Glaubenden ein, ja, er reift nach einem der großen kappadozischen Kirchenväter, *Gregor von Nyssa*, im Glaubenden heran. In seinem Hohelied-Kommentar versichert er: „Das uns eingeborene Kind ist Jesus, der in uns heranwächst an Alter, Weisheit und Gnade." Demnach macht er selbst einen Lernprozeß in uns durch. Er wird noch einmal Kind, er wird ein Zwölfjähriger und erlebt dann seine exzeptionelle Zugehörigkeit zum Vater. Er wird derjenige, dem die Gottessohnschaft zugesprochen wird, entdeckt sich als Menschen- und Gottessohn und macht zuletzt noch den bittersten Lernprozeß in uns durch, nämlich den an seinem Kreuz, wenn ihm alle Attribute Gottes verlorengehen, wenn die Nacht der Gottverlassenheit über ihn hereinbricht, wenn er dann aber aus dieser Nacht herausgerissen wird durch das Ereignis der Auferstehung und dann im Vollbesitz seiner Gottessohnschaft die ewige göttliche Lebensfülle erlangt. Das ist der große Lernprozeß, den Christus in uns mitvollzieht, und darin besteht der eigentliche Beitrag des inwendigen Lehrers. Damit ist aber auch schon klar geworden, daß das etwas mit Heilung und Selbstfindung zu tun hat; denn im Grunde ist das der Weg, den jeder Mensch beschreiten muß bis in seine Todesstunde und bis in die Hoffnung auf sein Mitauferwecktwerden mit Christus hinein.

H: In diesen Überlegungen zeichnet sich eine weitere Grundstruktur des Christseins ab: Es handelt sich nicht um eine Subjekt-Objekt-Beziehung; Christsein ist vielmehr wesentlich eine personale Relation, die sich naturgemäß nur zwischen Personen vollziehen kann. Fremdbestimmung hat in diesem Verhältnis keinen Raum.

B: Das ist vollkommen richtig, man könnte das nicht nur als Dialog bezeichnen, sondern könnte sich dabei sogar an *Werner Heisenbergs* Unbestimmtheitsrelation erinnern. Danach ist im Bereich der Mikrophysik der Unterschied zwischen Subjekt und Objekt gegenstandslos geworden. Subjekt und Objekt bedingen sich gegenseitig. Ebenso verhält es sich aber mit dem Erkenntnisakt. Indem ich erkenne, gestalte ich das Erkannte mit. Gleiches gilt schließlich vom Glaubensvollzug; der Glaube ist nicht die Annahme von etwas anderem, das ich mit Müh und Not akzeptiere, sondern der lebendige Mitvollzug, ja sogar die Mitgestaltung des Geglaubten. Umgekehrt heißt das, daß der Geglaubte sich in meinen Glaubensakt einmischt und ihn mit mir zusammen vollzieht. Das halte ich für etwas vom Allerwichtigsten, so schwer es auch immer ist, das heute zu vermitteln. Daher wird es eine der zentralen Aufgaben der Neuen Theologie sein, dem Bahn zu brechen und auch den einfachen Gläubigen zu dieser Mitwisserschaft im Glauben und zu diesem Mitvollzug zu bewegen.

H: Wenn Sie die Unbestimmtheitsrelation in der Mikrophysik zum Vergleich heranziehen, dann darf die entscheidende Differenz zwischen den beiden Phänomenen nicht übersehen werden: die personale Struktur des Glaubens.

B: Ganz richtig; denn mit der Gemeinschaft, um die es hier geht, verhält es sich nicht so wie zwischen uns beiden, sondern so wie zwischen Christus und uns. Und hier ist es der inwendige Lehrer, der in uns diesen Lernprozeß durchläuft, der mit uns zusammen den Glauben trägt und dadurch dem Glauben erst seine volle Festigkeit und Intensität verleiht.

8. Das Gebet

H: In allen Religionen kommt dem Gebet eine zentrale Stellung und Funktion zu. Das gilt selbstverständlich auch für das Christentum. Man spricht von vielen Formen des Gebets: vom Bittgebet, vom Dankgebet, vom Lobpreis Gottes und so fort. Angesichts dieser Vielfalt erhebt sich die Frage nach einer umgreifenden Grundstruktur. Was ist die gemeinsame Wurzel, in der die verschiedenen Ausdrucksgestalten versammelt sind und aus der sie erwachsen? *Anselm von Canterbury*, der berühmte mittelalterliche Theologe, hat in seiner kleinen Schrift „Proslogion" einen Gedanken geäußert, der geeignet ist, diese Frage zu beantworten. Er schreibt zu Beginn seiner „Anrede" an Gott: „Ich verlange danach, einigermaßen deine Wahrheit einzusehen, die mein Herz glaubt und liebt." In diesem Satz, so scheint mir, ist der tiefste Grund des Gebetes ausgesprochen.

B: Das würde ich auch so sehen; denn im Gebet geht es ja nicht nur um eine Vergewisserung dessen, was Gott ist, sondern auch um eine Vergewisserung dessen, was ich, der Beter, bin. Das könnte man mit einem anderen großen Denker in Zusammenhang bringen. Es ist der wohl größte Religionsphilosoph des Judentums im vergangenen Jahrhundert, *Martin Buber*. Er hat in seiner Schrift „Gottesfinsternis" die zweifellos schönste Definition des Gebetes gegeben, wenn er sagt: „Gebet ist die Bitte um Selbstkundgabe Gottes, um das dialogische Fühlbarwerden dieser göttlichen Selbstkundgabe." Damit hat Buber eine zusätzliche Leistung erbracht. Denn weithin herrscht noch immer die Meinung: Gebet und Glaube klaffen auseinander wie zwei unterschiedliche Welten. Gebet geschieht mit dem Herzen, Glaube dagegen mit dem Verstand und Willen. Doch bei Buber ist diese Definition des Gebetes annähernd dieselbe, wie er sie für den Glauben gibt; Glaube ist im Sinne der „emuna" ein Sich-Festmachen in Gott und insofern der Versuch, Halt und Stand in der Gotteswirklichkeit zu finden. Das aber ist gleichbedeutend mit der Aussage: Gebet ist die Bitte um das dialogische Fühlbarwerden der Gotteswirklichkeit und Gottesnähe.

In diese Überlegungen mischt sich aber wieder derjenige ein, der in der Neuen Theologie eine zentrale Rolle spielt: der Apostel Paulus. Er hat im achten Kapitel des Römerbriefes das Gebet mit einem kryptischen Satz umschrieben, der von *Johann Sebastian Bach* aufgegriffen und in einer seiner schönsten Motetten mit dem Titel „Der Geist hilft unserer Schwachheit auf" vertont worden ist. Wörtlich lautet die Römerbriefstelle: „Der Geist hilft unserer Schwachheit auf, denn wir wissen nicht, um was wir beten sollen, wie sich's gebührt. Da tritt der Geist selbst für uns ein mit unaussprechlichem Seufzen; und der, der die Herzen erforscht, kennt das Ansinnen des Geistes, der für die Heiligen vor Gott eintritt." Die schwierige Aussage setzt mit einer Überraschung ein. „Wir wissen nicht, um was wir beten sollen." Da möchten wir doch dem Apostel ins Wort fallen und ihm entgegenhalten, daß wir sehr wohl um die uns bedrängenden menschlichen, beruflichen und existentiellen Nöte wissen, in denen wir Gottes Hilfe erbitten. Für Paulus sind das aber nur Anlässe des Gebets. Für ihn geht es im Gebet um etwas unvergleichlich Größeres: um Gott! Das könnte man im Rückbezug auf den von Ihnen angesprochenen *Anselm von Canterbury* dann so formulieren: Das Gebet ist die mit dem Herzen gestellte Gottesfrage.

Doch in dieser Hinsicht sind wir zunächst einmal entmündigt. Was wir zustande bringen, ist nur ein hilfloses Stammeln. Dann geschieht nach Paulus etwas Wunderbares: Gott selbst teilt sich uns in Gestalt des inwendigen Lehrers mit. Paulus spricht in diesem Zusammenhang vom Gottesgeist, der für uns mit unaussprechlichem Seufzen eintritt. Das kann man sich wohl nur so klarmachen: Er stimmt in unser stammelndes Beten ein und tritt so, stellvertretend für uns in unserer Hilflosigkeit, für uns ein. Und dann der wunderbare Schluß: „Und der, der die Herzen erforscht" – das ist der erhörende Gott – „er kennt das Ansinnen des Geistes, daß er für die Heiligen vor Gott eintritt". Und das heißt: Der Geist Gottes macht sich unsere Gebetsnot zu eigen und er trägt sie vor das Antlitz Gottes, so daß unser Gebet von Gott selbst zu Ende geführt wird.

H: In diesem ursprünglichen Verständnis ist das Gebet also das lebenslange Fragen und Suchen nach Gott. Meines Erachtens wird jedoch der durchschnittliche Gläubige von diesem Verständnis des Gebets wenig wissen und sich deshalb davon nicht allzu sehr angesprochen fühlen. In ihrer bedrängenden Existenznot steht für die meisten Menschen das Bittgebet im Vordergrund. Kann man sagen: Gott erhört ein Gebet?

B: Man müßte dem Christentum diametral widersprechen, wenn man das nicht sagen würde. Selbstverständlich erhört Gott jedes Gebet, aber er erhört es nicht immer so, wie es der Mensch von Gott erwartet. Es gehört zu den uralten Erfahrungen, daß sich manche Dinge, die uns wichtig erscheinen, im nachhinein als peripher, wenn nicht gar als schädlich herausstellen, so daß es manchmal im Sinne des Menschen und seines Heiles liegt, wenn er nicht genau das erhält, was er sich von Gott erbittet.

Doch in einer anderen Hinsicht bleibt kein Gebet unerhört. Das könnte man sich etwa so verdeutlichen: Meist beginnt das Gebet mit einer Bitte.

Es ist gleichsam ein Angelwurf ins Ungewisse. Deswegen steht am Anfang des Gebetes auch oft die Erfahrung eines Allein-Gelassenseins, einer gewissen Leere. Das ist dann der kritische Augenblick, wo der Eindruck entstehen könnte: Das Gebet nützt nichts, es kommt nichts dabei heraus; es wäre besser, in die Aktivität des Lebens zurückzukehren und etwas Vernünftiges zu tun. Wer aber ungeachtet dieser Anfechtung dabei bleibt und in dieser Stille ausharrt, macht die merkwürdige Erfahrung, daß sich zu dem angerufenen Gott unversehens eine wenn auch noch so leise Beziehung aufbaut, daß die scheinbare Leere plötzlich von etwas Geheimnisvollem erfüllt wird, nämlich von dem Erlebnis der Gegenwart Gottes. In diesem Sinne bleibt kein Gebet unerhört. Mögen wir auch nicht das erhalten, was uns wichtig zu sein scheint, so gewinnen wir in jedem Gebet doch nichts Geringeres als Gott selbst. Gebet ist eine Annäherung an Gott oder, um es noch einmal im Anschluss an *Anselm von Canterbury* zu sagen, die mit dem Herzen gestellte Gottesfrage. Und Gott antwortet mit dem Erweis seiner Gegenwart.

H: Einen ähnlichen Gedanken findet man bei *Augustinus*. Er spricht davon, daß wir in der Welt des Alltags und der sinnenhaften Eindrücke von uns selbst abgelenkt und zerstreut sind. Diese Selbstentfremdung müssen wir überwinden und zu uns selbst zurückkehren. Erst dann sind wir im Stande, uns auf Gott hin auszurichten. Aus dieser Bewegung heraus wird jede Form eines Gebetes, wie Sie gerade sagten, zur Gegenwartserfahrung Gottes und auf diese Weise immer ein erfülltes und erhörtes Gebet.

B: Das Gebet hat immer den Charakter der Sammlung. Der Mensch lebt – und Sie haben es ja gerade eben deutlich genug gesagt – zunächst in einem Zustand der Zerstreuung. Wir sind weggegeben an die vielen Inhalte, die ständig auf uns einstürmen und die unsere Aufmerksamkeit und unser Interesse okkupieren. Aus dieser Hingegebenheit an das Vielerlei muß sich der Beter zurücknehmen auf das, was für ihn zentral ist und sein muß, nämlich auf seine Beziehung zu Gott. Wir brauchen alle, ob gläubig oder ungläubig, etwas, was unser Leben in einer letzten Hinsicht trägt, was uns Halt und Stand verleiht. Ohne diesen Halt und Stand sind wir ein haltlos im Winde umgetriebenes Blatt. Nein, wir brauchen diese Verankerung in Gott, und deswegen kann das Gebet gar nicht besser beschrieben werden als mit Bubers Wort von der Bitte um göttliche Selbstkundgabe, anders ausgedrückt: als die Suche nach diesem letzten Halt und Stand, den uns nur die Gotteswirklichkeit zu bieten vermag. Das führt jetzt zu der erstaunlichen Erkenntnis, daß das Gebet nicht nur die Frage nach Gott, sondern auch die Erfahrung der Antwort ist, die Gott uns durch den Erweis seiner Gegenwart gibt. Und das heißt: Das Gebet ist nicht nur eine Gottesfrage, sondern ein Gottesbeweis. In der Theologie und Philosophie – und niemand weiß das besser als der Philosoph *Richard Heinzmann* – geht es vielfach um Gottesbeweise; aber mir scheint, einer dieser Beweise, der für uns der allerwichtigste ist, wird in dieser Diskussion vergessen, nämlich derjenige, der nicht auf spekulativen Bahnen, sondern der mit dem Herzen geführt wird. Wenn unsere Unterhaltung über das Gebet einen Sinn gehabt haben sollte, bestand er darin, das Gebet als den mit dem Herzen geführten Gottesbeweis glaubhaft gemacht zu haben.

H: Noch eine Frage, die mehr aus der Praxis der Gläubigen kommt: Wie verhält es sich mit einem Fürbitt-Gebet für einen anderen? Wenn ich für mich selbst bete, ist das alles einsichtig. Aber kann ich diesen Vollzug der Ausrichtung auf Gott auch für einen anderen erbitten, oder wie soll man das verstehen?

B: Das ist selbstverständlich nur möglich auf der Basis des Begriffs einer christlichen Gemeinschaft. Paulus hat dafür das wunderbare Bild des geheimnisvollen Leibes Jesu Christi eingeführt, und von diesem Leib heißt es: „Keiner lebt für sich allein, keiner stirbt für sich allein, wenn einer sich freut, freuen sich alle mit, wenn einer leidet, leiden alle mit." Danach ist unsere menschliche Situation nicht nur gekennzeichnet durch die Individualität, sondern auch durch das, was *Peter Wust* den „nexus animarum", also die „Verflechtung der Seelen" genannt hat. Danach stehen wir alle in einem Lebensverbund; nach Paulus sind wir einbezogen in den einen Leib und die darin herrschende Kommunikation. Wenn Paulus sagt: „Wenn einer sich freut, freuen sich alle anderen mit", kann das fortgeführt werden in dem Satz: „Wenn einer betet, beten alle mit und beten alle füreinander." Das gilt dann selbstverständlich auch für das, was das Ziel des Gebetes sein wird, auf das wir nächstens einmal eingehen müssen: für den Glauben. Dann gilt: Wenn einer glaubt, glauben alle mit, dann glauben sie für ihn und er für sie.

H: Sie sprechen von der Gemeinschaft der an Christus Glaubenden. Kann man diese Gemeinschaft nicht auf alle Menschen schlechthin ausweiten? Ist das nicht die ganze Menschheit, die mithineingenommen ist?

B: Ich würde das voll und ganz bejahen; das Christentum ist niemals nur die Religion für eine Elite – wie immer sie zu denken ist –, sondern stets eine Religion für alle. Christus ist für alle gestorben, und das Ziel aller Lebenswirklichkeit ist das, was Paulus den „Gott alles in allem" genannt hat. Für das Gebet aber folgt daraus, daß es dabei nicht nur um unsere privaten Anliegen, sondern letztlich um alle und alles gehen muß; denn das Christentum ist die Religion für die ganze Welt.

9. Gotteskindschaft

H: Es gibt Worte in unserer Sprache, die die Sache, die sie transportieren sollen, eher in Mißkredit bringen. Ein solcher Begriff ist der der „Gotteskindschaft". Er ist so ins Infantile abgeglitten, daß er nicht mehr geeignet ist, ohne besondere Erklärung die damit gemeinte Wirklichkeit zur Sprache zu bringen. Was bedeutet, Herr Kollege Biser, dieser Begriff im Kontext Ihrer Theologie?

B: Die Neue Theologie, lieber Herr Heinzmann, ist eine Theologie der Neu- und Wiederentdeckung, und deswegen muß auch der Begriff der Gotteskindschaft unter diesem Gesichtspunkt geprüft und es muß gefragt werden, ob er nicht wiederentdeckt und in seiner ursprünglichen Bedeutung zurückgewonnen werden kann. Wenn man den Versuch unternimmt, ihn neu zur Geltung zu bringen, stößt man wiederum auf den Satz des evangelischen Exegeten *William Wrede*, der schon vor fast einem Jahrhundert das Christentum auf die einfache Formel gebracht hat: „Christus, der Gottessohn, gibt seine Gottessohnschaft auf und wird ein elender Mensch wie wir, damit wir Söhne Gottes werden." Christus wird das, was wir sind, damit wir durch seinen Tod das werden, was er ist. Das gibt natürlich ein völlig neues Bild von dem leider oft infantilisierten Begriff der Gotteskindschaft. Er hat mit Verkleinerung, Verkindlichung und Verniedlichung überhaupt nichts zu tun, sondern mit dem genauen Gegenteil, der Erhöhung des Menschen.

Es gibt ein altes Mißverständnis, das kaum auszurotten ist, nämlich daß das Größte, was vom Menschen überhaupt gesagt werden kann, im Begriff der Gottebenbildlichkeit ausgedrückt ist. Das ist selbstverständlich ein Begriff von strahlender Schönheit, und kein Philosoph hat je über den Menschen etwas ähnlich Großes gesagt. Aber nach christlichem Verständnis wird dieser Gedanke von dem der Gotteskindschaft turmhoch überragt. Vielleicht kann man das dem heutigen Menschen dadurch näherbringen, daß man es von der Gegenseite, also von der atheistischen Position her, aufrollt.

Einer der markantesten Sprecher dieses Atheismus ist bekanntlich *Friedrich Nietzsche*, der zu Beginn seines berühmtesten Werkes, des „Zarathustra", die Lehre von den drei Verwandlungen entwickelt: die Verwandlung des Menschen in das Kamel, den tragsamen Geist, den heteronomen Menschen, der Befehle braucht, um wissen zu können, was er zu tun hat; die Verwandlung des Kamels in den Löwen, den autonomen Menschen, der sich selbst Gesetz ist. Indessen muß auch der Löwe nochmals überboten werden, weil er sich seine Autonomie immer neu beweisen muß. Deswegen ist das höchste Ziel des Menschseins das Kind. Das ist unverkennbar eine Anleihe aus der christlichen Lehre von der Gotteskindschaft. In diesem Zusammenhang muß ich an einen meiner Grundsätze erinnern: Das Christentum ist weder die Religion der Infantilisierung noch der Disziplinierung des Menschen, sondern der Erhebung des Menschen, und das Höchste, was vom Menschen ausgesagt werden kann, ist dessen Berufung zur Gotteskindschaft.

H: Gotteskindschaft ist nach Ihrem Verständnis also identisch mit dem Sachverhalt der theonomen Autonomie. Der Mensch ist moralisches Subjekt, er ist autonom in Verantwortung vor Gott.

B: Ganz richtig; er ist autonom dank der Intervention Gottes, weil Gott ihm zur Autonomie verholfen hat. Man könnte das noch einmal von der atheistischen Gegenposition her verdeutlichen. Dabei möchte ich aber nicht wieder auf *Nietzsche* zurückgreifen, sondern auf *Sigmund Freud*. Er hat 1930 den bereits angesprochenen Essay veröffentlicht: „Das Unbehagen in der Kultur“. Darin hat er in einer fast prophetischen Weise Entwicklungen vorausgesehen, die erst heute voll zum Durchbruch kommen, indem er zeigte, daß der Mensch durch die Technik im Begriff steht, über sich zu einem gottähnlichen Format hinauszuwachsen: Durch die Nachrichtentechnik gewinnt er ein Stück göttlicher Allwissenheit, durch die Raumfahrt ein Stück göttlicher Allgegenwart, durch die Evolutionstechnik ein Stück göttlichen Schöpfertums. Das sind die Attribute, die durch den von Nietzsche proklamierten Tod Gottes freigesetzt worden sind, und die der Mensch nun in seinen Besitz zu bringen sucht. Weil er sich diese Attribute nur mühsam, nach Art von Prothesen, aneignen kann, ist er auf diesem Weg zu einem „Prothesengott“ geworden. Dieser Begriff, so ironisch er gemeint sein mag, ist tatsächlich dazu angetan, den Begriff der Gotteskindschaft zu verdeutlichen; denn wenn die Gotteskindschaft die Erhebung des Menschen bewirkt, wachsen dem Menschen, bildlich gesprochen, durch sie Flügel zu, mit deren Hilfe er sich zu seinen höchsten Seinsmöglichkeiten erheben kann. Dann muß man sich nur noch fragen, worin diese Seinsmöglichkeiten bestehen.

Der Mensch ist nach meiner Anthropologie das Möglichkeitswesen. Er ist nie festgelegt; er ist, mit *Nietzsche* gesprochen, „ein Seil, über einen Abgrund gespannt". Als solcher ist er darauf angelegt, die in ihm ruhenden Möglichkeiten freizusetzen und von den ihm verfügbaren Talenten den jeweils besseren Gebrauch zu machen. Die Gotteskindschaft ist nach dem Gesagten jener Begriff vom Menschen, der ihm dazu verhilft. Jetzt muß man nur noch fragen, wovon er vorzugsweise Gebrauch machen soll, wenn er zum Kind Gottes geworden ist.

H: Nach Ihrer Überzeugung geht der Mensch in seiner menschheitsgeschichtlichen ebenso wie in seiner individuellen Entwicklung auf Ziele zu, von denen wir noch keine Ahnung haben. Das Christentum fungiert in diesem Prozeß nicht als Bremsklotz, im Gegenteil, es gibt stets neue Impulse für die Selbstentfaltung des Menschen, immer natürlich in Verantwortung vor Gott.

B: Absolut richtig, denn der Mensch ist bekanntlich aus primitiven Zuständen erst zu seiner gegenwärtigen Gestalt gelangt. Doch soll sich niemand einbilden, daß wir bereits am Ende der Evolution und der Menschheitsgeschichte stehen. Das tun wir weder in kultureller noch in politischer, aber auch nicht in anthropologischer Hinsicht. Der Mensch ist immer noch unterwegs zu sich selbst, und das Christentum ist keinesfalls – wie Sie mit vollem Recht gesagt haben – die Religion der Bremsung und der Zurücknahme, sondern die Religion der Förderung, ja sogar des Antriebs in diesem Weltgeschehen. Deswegen muß mit aller Intensität über die Möglichkeit der Optimierung des Menschen nachgedacht werden: Wie kommt der Mensch dazu, die in ihm ruhenden und vielleicht noch brachliegenden Möglichkeiten freizusetzen und davon einen effektiven Gebrauch zu machen?

H: Parallel dazu ist die ethische Entwicklung des Menschen unbedingt erforderlich; sie sollte in gleichem Maße stattfinden. Heute befinden wir uns in der Situation, daß die technische Entwicklung wesentlich weiter ist als die ethische. Daraus erwachsen große Probleme. Diese Tatsache darf aber kein Argument sein, den Menschen an der Entfaltung seiner Fähigkeiten zu hindern. Der mögliche Mißbrauch darf den Gebrauch nicht verbieten.

B: Die ethische Entwicklung muß unbedingt mit den technischen Möglichkeiten gleichziehen, anders sind diese nicht unter Kontrolle zu bringen. Selbstverständlich haben Sie recht, wenn Sie darauf hinweisen, daß die Technik Dinge vollbringt, die theoretisch noch nicht voll eingeholt und ethisch noch nicht bewältigt sind. Doch das müßte für die Moral ein Ansporn sein; und sie dürfte auf keinen Fall nur die eine Konsequenz ziehen, nämlich diese Entwicklungen verhindern zu wollen.

Jetzt aber zurück zu unserem Thema von der Gotteskindschaft! Die Frage ist: Welches sind denn die Möglichkeiten, die gerade in der augenblicklichen Situation freigesetzt werden sollten. Darauf gibt der schon wiederholt genannte *Gregor von Nyssa* eine bedenkenswerte Antwort. Von ihm stammt eine Betrachtung über die Seligpreisungen der Bergpredigt. Die aktuellste dieser Seligpreisungen lautet bekanntlich: „Selig die Friedensstifter, sie werden Söhne Gottes genannt werden." Selbstverständlich kann man diesen Satz auch umdrehen; dann haben wir die Antwort auf unsere Frage. Sie besagt: Wer zur Gotteskindschaft gelangt ist, der fühlt sich vor allen Dingen verantwortlich für den Frieden der Welt und genötigt, sich dafür einzusetzen. In der enthusiastischen Sprache Gregors heißt das: „Wie könnten wir Gott gebührend dafür danken, daß er uns mit der Gnadenkrone der Gotteskindschaft gekrönt hat?" Und er läßt keinen Zweifel daran, daß der wahre Dank im Einsatz für den Frieden und die „liebevolle Übereinstimmung unter den Menschen" besteht. Die Aktualität dieses Wortes liegt auf der Hand. Denn die Welt, in der wir uns vorfinden, ist zutiefst zerrissen. Im Epheserbrief des Neuen Testamentes steht der Satz: „Er ist unser Friede; denn er hat durch sein Sterben die Trennwand der Feindschaft niedergelegt." Ich kenne kaum einen Satz, der aktueller ist als dieser; denn wir leben in einer Welt der durch viele Mauern geteilten Völkerschaften, Kulturkreise, Weltanschauungen und Religionen. Deswegen kommt es entscheidend darauf an, daß etwas zur Niederlegung dieser Mauern getan wird. Ich möchte es lieber positiv formulieren: Es müßte eine Gemeinschaft entstehen, die auf gegenseitige Achtung, Toleranz und Verantwortung gegründet ist. Das wäre der Friedensdienst, der angesichts der über der heutigen Welt liegenden Kriegsdrohung von denkbar größter Aktualität ist. Deswegen ist nichts wichtiger als Friedenseinsatz an der Basis; denn der Weltfriede kommt nicht von oben, er kommt von unten. Er beginnt dort, wo Menschen über ihren eigenen Schatten springen, wo Menschen sich ihrer gegenseitigen Verantwortung bewußt werden, wo sie lernen, füreinander einzustehen, wo sie bereit sind, über ihre inneren Hemmungen hinweg einander die hilfreiche Hand zu reichen – das ist das Friedenswerk, an dem sich alle beteiligen müssen. Wenn das geschieht, wird denen der Wind aus den Segeln genommen, die immer noch glauben, ihre Interessen durch Gewalt und Krieg durchsetzen zu können. Diese müssen durch das widerlegt werden, was jene bewirken, die sich dem Satz verschrieben haben: „Selig die Friedensstifter, sie werden Söhne und Töchter Gottes genannt werden." Nun drehe ich diesen Satz nochmals um und sage: Das erste und wichtigste, was dem zur Gotteskindschaft Berufenen angelegen sein muß, ist der Friedensdienst und der Einsatz für eine gewaltfreie und friedliche Welt.

H: Wenn darin das Wesen des Christseins besteht, dann müssen wir konstatieren, daß das Christentum noch nicht allzu weit vorangeschritten ist. Und in diesem Zusammenhang stellt sich die Frage, über die zu sprechen sein wird: Wie steht es eigentlich mit dem Glauben? Warum haben die Menschen so große Schwierigkeiten, den christlichen Glauben zu akzeptieren, darin überhaupt einen Sinn zu sehen, und was kann in diesem Zusammenhang wiederum die Neue Theologie beitragen.

10. Der Glaube

H: Es ist ein kaum zu übersehendes Phänomen unserer Zeit, daß der christliche Glaube in einer tiefen Krise steckt. Gleichzeitig zeichnet sich aber eine neue Entwicklung ab – Sie nennen es eine Glaubenswende –, die ihrerseits dazu geeignet sein könnte und müßte, diese Glaubenskrise zu überwinden. Die klassische Form des Glaubens versteht sich als das Fürwahrhalten von Sätzen. Mit seinem Willen und Gehorsam unterwirft sich der Mensch irgendwelchen Vorgaben, das heißt, er läßt sich heteronom bestimmen. Das sind Verhaltensweisen, für die der heutige Mensch nicht mehr zu gewinnen ist. Wo sehen Sie eine Glaubenswende und wie explizieren Sie, von Ihrer neuen Konzeption her, Glauben in christlichem Verständnis?

B: Ich möchte zunächst auf Ihre Bemerkung zurückgreifen, wonach der Glaube in eine offenkundige Krise geraten ist. Meine These heißt: Er ist in die Krise geraten, weil er anachronistisch verstanden und aufgefaßt wird. Die meisten, die sich mit dem christlichen Glauben befassen, sehen ihn in der Perspektive des Ersten Vatikanischen Konzils (1869/70), das, nebenbei bemerkt, auch von dem großen jüdischen Kritiker des Christentums, *Martin Buber*, als Fixpunkt angesehen worden ist. Danach ist der Glaube die Zustimmung zu dem, was von Gott autoritativ gesagt worden ist. Das heißt in letzter Vereinfachung: Glaube ist gehorsame Unterwerfung unter die Gottesautorität; Glaube ist Gehorsam.

Dieser Autoritätsglaube – und das haben wir ja beide in unserer Lebensgeschichte sattsam zu spüren bekommen – ist untergraben und in Frage gestellt worden durch die Autoritätskrise, die vor allen Dingen in Gestalt der Studentenrevolte bekannt geworden ist. Aber diese Krise war viel umfassender: Es wurden nicht nur die Lehrautoritäten in Frage gestellt, auch die familiären Autoritäten wurden hinterfragt und mit ihnen zusammen auch die politischen und religiösen. Nur eine Autorität schien unberührt geblieben zu sein, die göttliche. Aber das war, wie sich bereits zeigte, eine Täuschung. Ausgerechnet der kirchenfrömmste Philosoph des letzten Jahrhunderts, *Peter Wust*, hat in seinem Werk „Ungewißheit und Wagnis" die Frage gestellt: „Warum ist Gott oben und warum sind wir unten? Und warum ist er kampflos oben an der Spitze der Seinshierarchie, während wir uns abmühen müssen in unendlicher Lebensangst und Daseinsnot." Da ist nun auch die göttliche Autorität in Frage gestellt worden, und damit wurde das ganze Konzept des Autoritätsglaubens im Grunde hinfällig.

H: Dieser Sachverhalt spiegelt sich in äußeren Fakten: Wir sitzen hier in der Guardini-Bibliothek. *Romano Guardini* hat im Jahre 1937 ein Buch über Jesus geschrieben, wohl sein bekanntestes, mit dem Titel: „Der Herr". Mir gegenüber sitzt *Eugen Biser*, er hat im Jahre 1973 ein Buch über Jesus geschrieben mit dem Titel: „Der Helfer". Beide Werke handeln von Jesus. In diesem Wandel vom Herrn zum Helfer spiegelt sich der Wandel, der sich in diesen Jahrzehnten vollzogen hat und der auch für das Selbstverständnis des Christentums von außerordentlicher Bedeutung ist. Das hat zur Folge, daß in dem konkreten Fall auch die Autoritätskrise auf allen Gebieten der menschlichen Gesellschaft nicht ohne Einfluß auf das Verständnis des Christentums und des Glaubens bleiben darf.

B: Hier setzt nun meine Korrektur ein. Sie ist dem Nestor der deutschen Philosophie, *Hans-Georg Gadamer*, zu verdanken, der in seiner philosophischen Hermeneutik der Theologie einen von dieser bisher kaum gewürdigten großen Dienst erwiesen hat. Dieser Dienst bestand darin, daß er in dem angesprochenen Werk zwischen zwei grundverschiedenen Formen von Autorität unterschied: Es gibt die Autorität des Machthabers, die dieser unter allen Umständen zu bewahren sucht, und es gibt die ganz andere Autorität des Lehrers, die darin besteht, daß er seine Autorität aufgibt und opfert, um seine Schüler auf seinen eigenen Wissensstand emporzuheben. Wenn ihm das gelingt, wird er mit dem beschenkt, was Gadamer das Wunder des Verstehens nennt. Das war für mich der Schlüssel zur Bestimmung der ersten und grundlegenden Glaubenswende, von der Sie einleitend gesprochen haben. Ich sehe eine Wende vom Gehorsams- und Autoritätsglauben zum Verstehensglauben. Das müßte eigentlich auch ohne diese Reflexion einsichtig sein; denn wenn Gott sich offenbart, dann doch gewiß nicht in der Absicht, den Menschen zu disziplinieren und ihn in eine Abhängigkeit von sich zu bringen, sondern ihn über das zu belehren, was er durch eigenes Denken und Forschen niemals zu klären vermöchte, nämlich über das Geheimnis seines eigenen Seins. Wenn Gott sich offenbart, teilt er das mit, was er ist. Darin besteht ja auch der Kern des christlichen Glaubens: daß sich Gott in seinem eingeborenen Sohn der Welt mitgeteilt hat. Deshalb liegt es im elementaren Interesse dieser göttlichen Selbstmitteilung, von uns Menschen verstanden zu werden. Daher die Wende vom Gehorsams- und Autoritäts- zum Verstehensglauben.

H: Dahinter steht die Einsicht, daß Gott den Menschen als denkendes Wesen erschaffen hat und deshalb auch immer als denkendes Wesen anspricht. Legt man das Ihren Ausführungen zugrunde, kommt man unmittelbar zu diesem Ergebnis. Sie sehen aber noch eine andere Perspektive in Ihrem neuen Glaubensverständnis?

B: Ganz gewiß, denn das Ganze hat mit den von Ihnen angesprochenen Dogmen zu tun. Die Dogmen aber sind, wenn ich es bildlich ausdrücken darf, Gefäße, die zur Absicherung ihres kostbaren Inhaltes geschaffen sind. Dogmen haben primär defensiven Charakter, sie sollen die christliche Wahrheit vor Irrtum und Wahnvorstellungen bewahren. Doch ein Gefäß ist vor allem dazu da, daß aus ihm getrunken werden kann. In dem Verlangen, das zu erfahren, was dieses Gefäß umfaßt, sehe ich eine zweite Wende: die vom Bekenntnis- und Satzglauben zum Erfahrungsglauben. *Karl Rahner*, mein Vorgänger auf dem Guardini-Lehrstuhl, hat sich mit dem allbekannten Satz von seiner theologischen Arbeit verabschiedet: „Der Christ der Zukunft wird ein Mystiker sein, oder er wird überhaupt nicht sein." Gefragt, was er unter Mystik verstehe, sagt er: „Mystiker ist derjenige, der Gott zu erfahren sucht." Daraus schließe ich auf die Wende vom Satz- zum Erfahrungsglauben.

Schließlich gibt es eine dritte Wende, auf die vor allen Dingen der in diesem Raum indirekt präsente *Guardini* hingewiesen hat. Guardini betonte: „Keiner glaubt für sich allein; wenn wir glauben, dann glauben wir immer im Kontext mit anderen. Keiner weiß, wie weit er mit seinem Glauben von anderen mitgetragen wird, aber keiner ahnt auch, wie weit er durch seinen Glauben den Glauben anderer ermöglicht und mitträgt." Da sehe ich nun eine dritte Wende, denn der Glaube in der früheren Konzeption war immer nur Individualglaube. Er hatte das Ziel, das ewige Heil zu erlangen, er war ein Leistungsglaube. Ich sehe also eine Wende vom Leistungs- zum Verantwortungsglauben.

Aber diese dreifache Wende wird nach meinem Verständnis von einer vierten, basalen umgriffen. Und das ist die Wende vom Gegenstands- zum Innerlichkeitsglauben. Im Anschluß an eine Parabel *Franz Kafkas* haben wir das bereits mit dem Bild von dem Dom zur verdeutlichen gesucht, dessen strenge Fassade die Herrlichkeit nicht ahnen läßt, die den Besucher in seinem Inneren erwartet.

Erkenntnisse des englischen Paulusforschers *Ed Parish Sanders* sind dazu angetan, dieses Bild auf den Begriff zu bringen. Danach muß bei Paulus eine von rechtlichen Kategorien beherrschte Oberschicht von einer mystischen Tiefenschicht unterschieden werden. Dort spricht der Apostel davon, daß Christus beim Befehlsruf des Engels und beim Ertönen der Posaune Gottes wiederkommt, daß alle vor seinem Richterstuhl erscheinen müssen und die von ihm Gerechtfertigten gerettet werden. Hier aber, in der Tiefenschicht, treten diese rechtlichen Vorstellungen völlig vor dem Gedanken der „Teilhabe des Gläubigen an Christus", also vor dem Motiv der mystischen Verbundenheit mit ihm, zurück.

Übrigens unterläuft Paulus das von ihm entworfene Gerichtszenario selbst, wenn er in der Korrespondenz mit Korinth das Ziel und Ende der Weltgeschichte in einem doppelten Unterwerfungsakt erblickt. Zuerst müßten Christus, dem so tief Verkannten und Erniedrigten, alle ihm widerstrebenden Mächte, einschließlich seines Hauptgegners, des Todes, unterworfen werden. Nachdem er aber zur vollen Herrschaft gelangte, wird er sich dem unterwerfen, der ihm alles unterwarf, damit Gott „alles in allem" sei. Damit wiederholt er den Gedanken der Teilhabe, jetzt nur in Form einer zeit- und endgeschichtlichen Vision.

H: Das Bild vom Dom kann man unmittelbar übertragen auf die großen theologischen Systeme, die im Laufe der Geschichte entworfen wurden. Sie sind in sich so konsistent, daß man bisweilen übersehen hat, daß sie nicht selbst die Sache sind, um die es geht, sondern daß sie auf eine Wirklichkeit verweisen, daß auch sie eine Innenseite haben. *Thomas von Aquin*, der zu den großen Systematikern christlicher Theologie zählt, hat noch auf diese Gefahr aufmerksam gemacht, wenn er schreibt: „Unser Glaube bezieht sich nicht auf die Worte, sondern auf die Wirklichkeit, auf die diese Worte und Sätze verweisen." Diese Identifizierung von System und Wirklichkeit, der Versuch, den Glauben definitiv zu formulieren, hat zu der heutigen Glaubenskrise wesentlich beigetragen. Ihr Bemühen, diese Krise zu überwinden, geht den umgekehrten Weg: Sie führen von den Sätzen und Lehren über den Glauben zurück zur Wirklichkeit des Glaubens.

B: Das könnte man auch noch einmal mit Hilfe von *Kierkegaard* verdeutlichen. Er sagte: „Der Systembauer gleicht dem Architekten eines großen, hochgewölbten Palastes, der nur verabsäumt, in diesem Palast eine Wohnung für sich vorzusehen und der deswegen genötigt ist, nebenan in einer Scheune, wenn nicht gar in einer Hundehütte zu hausen.“ Und das heißt: Im System ist für den Menschen kein Platz; das System erhebt sich zum Selbstzweck und vergißt, daß es um des Menschen willen da ist. Deswegen verfolgt die Neue Theologie im Gegensatz dazu die Tendenz, dem Menschen zu einem Wohnraum im Glaubensgebäude zu verhelfen, und das mit dem Ziel, daß er sich in diesem Gebäude beheimatet, geborgen und zu sich selbst gebracht fühlt. Hauptziel ist stets die Selbstfindung des Menschen im Glauben, also die stets neu anzustrebende Versöhnung von Glaube und Menschsein.

H: Alles, was wir bisher besprochen haben, hängt am Ende von der Existenz Gottes ab. Deshalb müssen wir uns jetzt noch einmal dieser Frage zuwenden, und zwar unter dem Gesichtspunkt und dem Anspruch der Tatsache des Übels in dieser Welt.

Teil 3

1. Theodizee

H: Alle Theologie hat am Ende eine Voraussetzung, nämlich die Existenz Gottes. Im Laufe der Geschichte der Philosophie und der Theologie wurden viele Argumente für die Existenz Gottes entwickelt. Dem steht aber, um mit *Georg Büchner* zu sprechen, der Fels des Atheismus entgegen, und das ist das Leid. Nun ist die Frage: Wie läßt sich der konkrete Zustand unserer Welt mit einem gerechten Gott vereinbaren? Schon *Epikur* sah dieses Problem, indem er feststellte: „Wenn Gott allmächtig ist, konnte er das Leid verhindern; wenn er gütig ist, wollte er das Leid verhindern." Aber wir stehen vor der Tatsache, es gibt das Leid, so daß wir jetzt fragen müssen: Welches Attribut Gottes müssen wir streichen, die Allmacht oder die Güte? Das ist gewissermaßen, im Vergleich zu Georg Büchner, eine zurückgenommene Aporie, denn man würde noch einen Gott gelten lassen, der vielleicht nicht allmächtig ist. Aber: Ist ein nicht allmächtiger Gott noch Gott? Das ist also das Problem der Rechtfertigung Gottes angesichts der tatsächlichen Situation unserer Welt.

B: Ja, das ist eine Sache, die durch *Hans Jonas* aufs eindringlichste aktualisiert worden ist, näherhin durch seine Denkschrift „Der Gottesbegriff nach Auschwitz. Eine jüdische Stimme". Darin glaubt er, nur noch einen Gottesbegriff aufrechterhalten zu können, der weder das Attribut der Allmacht noch das der Barmherzigkeit aufweist; denn wäre Gott allmächtig, so hätte er den Holocaust verhindern können, wäre er barmherzig, so hätte er ihn verhindern müssen. Das Ganze hängt natürlich mit dem Glauben zusammen; der Glaube verfügt jedoch über keine Evidenz. „Wir leben im Glauben, nicht im Schauen", heißt es bei Paulus, und das bedeutet, der Glaube ist immer ein angefochtener Glaube, ein Glaube, der in der Gefahr schwebt, in den Irrglauben abzugleiten oder von Zweifeln überwältigt zu werden. Zu diesen Zweifelsgründen gehört zuallererst der von Ihnen angesprochene, nämlich das Leid in der Welt: Wie ist damit umzugehen?

Zunächst wird man sagen müssen, daß die Vorstellung einer leidlosen Welt eine absurde ist; denn eine Welt ohne Leid wäre eine vollkommene Welt und damit ein zweiter Gott; das aber hätte theoretisch zur Selbstaufhebung des Göttlichen geführt. Das heißt dann umgekehrt: Wenn Gott schaffen wollte – und für mich ist das das eigentlich Unergründliche, daß er schaffen wollte –, konnte es nur eine relative oder, philosophisch ausgedrückt, kontingente Welt sein, und diese kontingente Welt traf mit ihrer Kontingenz die Lebewesen auf die für sie schmerzlichste Weise, nämlich daß sie sterben müssen. Wo Tod ist, gibt es aber auch Leid, gibt es Krankheit, gibt es Gewalttat. So ergibt sich alles Leid in der Welt letztlich aus der Todverfallenheit alles Lebendigen. Das steckt hinter unserem Problem einer möglichen Versöhnung von Glaube und Leid.

H: Dann muß man noch einmal grundsätzlicher fragen: Warum hat Gott eine endliche Welt geschaffen, wenn sie aufgrund der Endlichkeit mit all diesen Folgen notwendigerweise verbunden ist? Hat er damit nicht doch alles in Gang gesetzt oder zumindest geduldet, was wir als grenzenloses Elend erfahren? Natürlich kann der Mensch von Gott keine Antwort auf die Frage nach dem Warum einfordern. Gott würde dadurch zu einem gleichrangigen Verhandlungspartner degradiert. Der Mensch hat aber das Recht, bis zum Äußersten zu fragen, um dann vor dem Geheimnis Gottes zu verstummen. Vielleicht gibt es aus der Sicht Ihres neuen theologischen Ansatzes eine Antwort, die in dieser ausweglosen Situation die Spur eines möglichen Verständnisses aufzeigen könnte.

B: Ich sehe nur einen Grund, und das ist die Menschwerdung Gottes. In Gott muß eine Lust gewesen sein, sich in die Kontingenz herabzulassen, um dort seine allerhöchsten Triumphe zu feiern, allerdings Triumphe, die er nach christlichem Verständnis mit dem Tod des eigenen Sohnes bezahlen mußte. Das ist natürlich nur eine Modellvorstellung. Aber Sie sagen ja, daß uns das letzte Warum verborgen bleibt. Wir müßten einen unendlichen Intellekt haben, um Gott in seiner Motivation als Schöpfer begreifen zu können. Was ich zur Sprache brachte, war lediglich der Versuch einer Annäherung.

Doch jetzt die Frage: Wie verhält es sich mit dem Leid der Welt und dem traditionellen Gottesbegriff? Dieser Begriff läßt ja Gott mit der Welt in ihrer Gebrochenheit und Hinfälligkeit durchaus kompatibel erscheinen; denn das ist ein Gott, der einmal liebt und dann wieder droht und straft, es ist der ambivalente Gott der Menschheitstradition. Mit dem könnte man das Leiden der Welt notdürftig vereinbaren, jedoch um den Preis, daß dann das Leid als eine Strafe dieses Gottes erscheint.

So ist es zu meiner nicht geringen Verblüffung von der Kirche immer wieder hingestellt worden. Wenn du ins Unglück gerätst, dann frage dich: Wodurch hast du dir das zugezogen und womit hast du das verdient? Doch das ist eine Frage, die von Jesus selbst mit aller Entschiedenheit zurückgewiesen wird. Im Johannesevangelium gibt es die bewegende Szene mit dem Blindgeborenen, bei dessen Anblick die Jünger fragen: „Meister, wer hat da gesündigt, wofür muß der büßen mit seiner Blindheit: Für seine eigenen Sünden oder für die Sünden der Eltern?“ Jesus wischt diesen Einwand mit einer Handbewegung vom Tisch: „Niemand hat gesündigt“, sagt er, „aber ihr werdet die Herrlichkeit Gottes erleben.“ Und er schenkt dem armen Menschen das Augenlicht. Das ist seine Antwort.

Das ist nun der Schlüssel zu unserer zentralen Frage. Im Zentrum des Christentums steht gerade nicht jener ambivalente Gott, der einmal tröstet und dann straft und seinen Zorn über die Welt ergießt, sondern der bedingungslos liebende Gott, den Jesus entdeckt hat. Damit stehen wir vor der Frage: Wie ist dieser liebende Gott mit dem Leid der Welt vereinbar? Gibt er darauf eine Antwort?

Die Antwort besteht – so paradox das im ersten Augenblick klingen mag – in ihm selbst. Das Leid der Welt darf nicht als Strafe gesehen werden; wenn es eine Strafe wäre, wäre Gott vom leidenden Menschen himmelhoch entfernt. Er würde die Strafe verfügen, und der Leidende würde die Strafe erleiden, dazwischen wäre ein unendlicher Abstand. Aber der liebende Gott, der sich in Jesus erschloß, begibt sich in die Tiefe des Leides hinein. Sie haben das vorhin als mögliche Motivation sogar angesprochen und damit indirekt auf die französische Mystikerin *Simone Weil* hingewiesen. Sie verfaßte einen Essay mit dem Titel „Das Unglück und die Gottesliebe“. Dessen Grundgedanke lautet: Das Unglück ist nicht der Gegensatz zur Gottesliebe, sondern das Gefäß, in das sich die Liebe Gottes vorzugsweise ergießt. Das hat für den leidenden Menschen eine eminente Bedeutung, denn das Leid des Menschen in seiner Krankheit und seinem Elend hat ja den bittersten Stachel in der Vorstellung: Mein Leben ist sinnlos. Insbesondere fühlt sich der chronisch Kranke aus unserer Konsum- und Leistungsgesellschaft ausgegrenzt. Er kann weder produzieren noch konsumieren. Deshalb scheint sein Leben jeden Sinn verloren zu haben. Wenn sich die Liebe Gottes seiner jedoch in besonderer Weise angenommen hat, wenn also das gilt, was ich mit dem Bild von dem Gefäß zu veranschaulichen suchte, daß Gott sich vorzugsweise in das Leid hineinbegibt, dann ist dieses Leid voller Sinn, denn einen größeren Sinn kann es für den Menschen gar nicht geben als den liebenden Gott. Er ist die erfüllende Antwort auf seine Sinnfrage. Dadurch wird natürlich das Krebsleiden nicht geheilt, dadurch wird ein beruflicher Rückschlag nicht ausgeglichen; doch dem Leid ist der bitterste Stachel ausgebrochen, nämlich die vermutete Sinnlosigkeit. Demgegenüber gilt: Leiden hat Sinn! Wenn ich dem noch einen Gedanken hinzufügen darf, so den des sogenannten *Dionysius Areo-*

pagita, wonach Gott nicht so sehr durch Forschen als durch Leiden erkannt wird. Danach ist der leidende Mensch von Gott in einen Lernprozeß einbezogen, in dem er die Tiefen der Gottheit auf neue Weise erkunden lernt, so wie sie dem Gesunden in dieser Form nie zugänglich wären.

H: Hier wäre vielleicht noch ein Gedanke aufzugreifen, den unser Kollege *Armin Kreiner* in seiner Arbeit über die Theodizee entfaltet hat. Er stellt fest, daß es die spezifisch menschlichen Werte wie Liebe, Nächstenliebe, Barmherzigkeit, Hilfsbereitschaft überhaupt nicht geben könnte, wenn wir in einem Paradieseszustand lebten. Das heißt also, daß der Mensch zu seiner eigenen menschlichen Entfaltung nur in einer Welt kommen kann, die – und wenn es auch noch so schlimm ist – in etwa so aussieht wie die unsere. In dieser Gesamtsicht von Schöpfung und Erlösung kann man am Ende zwar keine Erklärung, aber doch eine Spur von Sinn in der in ihrer Negativität oft so sinnlos erscheinenden Welt entdecken.

B: Es ist ja eine alte Erfahrung, daß das Leid der Welt die Menschen motiviert. Es gibt immer wieder Menschen, die sich gerade durch Behinderte und Kranke aufgefordert fühlen, sich für sie einzusetzen. Und wie viele Kunst- und Geisteswerke sind aufgrund der von ihren Schöpfern durchmessenen Leidensgeschichte entstanden! Man denke nur an *Pascal* oder *Beethoven.* Im Zusammenhang damit drängt sich mir auch der Gedanke von der Kompensationskraft des Todes auf. Weil die Lebewesen dem Tod verfallen sind, müssen sie sich fortpflanzen. Das aber heißt in letzter Konsequenz: Der Tod ist nicht, wie uns Paulus eingeredet hat, der „Sold der Sünde", sondern der Preis der Liebe. Weil wir sterben müssen, können wir einander lieben. Im höchsten Sinn gilt das vom Kreuzestod Jesu. Dieser Tod war, wie der Johannesevangelist versichert, Jesu höchster Liebeserweis. Dadurch hat er der Liebe in dieser von Haß und Gewalt verdunkelten Welt zum Durchbruch verholfen. Bekanntlich ist der Tod nach *Schopenhauer* der „Musaget der Philosophie". Er ist aber nicht nur der Wortführer des Denkens, sondern nicht weniger auch der Liebe. Deswegen sollte der Tod nicht nur als Widersacher Gottes gesehen werden, obwohl er beim Siegeszug Christi als „letzter Feind" vernichtet wird. Vielmehr ist er in der Hand Gottes auch das Instrument, das uns zu Einsicht und Rücksicht, ja in letzter Hinsicht sogar zur Liebe bewegt.

H: Das bedeutet, daß eigentlich nur das Christentum eine annähernde Antwort auf dieses Problem geben kann und gibt, daß aber letztlich bei der Frage nach dem Warum gleichwohl das Geheimnis Gottes stehenbleibt, und wir uns davor bescheiden müssen.

B: Das ist die richtige Antwort.

2. Die Auferstehung Jesu und die Folgen

H: In den vorangegangenen Gesprächen haben wir den Versuch gemacht, uns dem Zentrum und dem Fundament des Christentums zu nähern, nämlich der Auferstehung Jesu Christi. Dabei zeigt es sich, daß die Berichte über dieses Ereignis sehr unterschiedlich, zum Teil sogar widersprüchlich sind. Weiterhin kann man feststellen, daß die Art und Weise, wie der normale Christ diesen Sachverhalt denkt, nicht unbedingt geeignet ist, das zu erfassen, was in Wirklichkeit damit gemeint ist. Wenn der Auferstehung für das Christentum so fundamentale Bedeutung zukommt, dann ist der ganzen Schöpfung von diesem Ereignis her eine neue und alles verändernde Qualität eingestiftet, von der Welt, Mensch und Erlösung betroffen sind. Wie wirkt sich diese Grundeinsicht in Ihrer Theologie aus?

B: Sie haben vollkommen recht; für die Neue Theologie ist die Auferstehung Jesu, mit *Wilckens* gesprochen, der Angel- und Mittelpunkt des ganzen Christentums. Sie ist, um Ihren Gedanken aufzunehmen, eine Art Kristallisationszentrum, von dem etwas ausstrahlt, und zwar auf die von Ihnen angesprochenen Bereiche. Der erste Bereich, von dem wir unmittelbar betroffen sind, ist die Welt. Der zweite sind wir selbst, und der dritte ist schließlich der Kerngedanke des Christentums, die Erlösung: Wie stellt sich das im Licht des Auferstehungsglaubens neu dar?

Wenn man mit der Welt beginnen soll, stößt man zunächst auf ein Wort des Apostels Paulus, das alle gewohnten Vorstellungen umwirft: „Wir haben nur einen Gott, durch den alles ist und für den auch wir sind, und wir haben nur einen Herrn Jesus Christus, durch den alles ist und durch den auch wir sind." Und das sagt er von dem Mann, der in einem Winkel des Römischen Reiches auf die Welt gekommen und in dem etwas verrufenen Nazaret groß geworden ist. Von ihm sagt er, daß er die Welt erschaffen habe. Wenn aber Ostern das Kristallisationszentrum ist, um das sich alles neu ordnet, tritt damit sogar die Welt in eine neue Beleuchtung. Die Frage ist nur: in welche?

Paulus gibt darauf im Zweiten Korintherbrief eine überraschende Antwort mit dem Satz: „Gott, der gesagt hat: Es werde Licht, er hat es auch in unserem Herzen tagen lassen zum strahlenden Aufgang seiner Herrlichkeit auf dem Antlitz Jesu Christi." Das heißt, etwas vereinfachend ausgedrückt: Durch die Auferstehung ist die Welt auf eine neue Basis gehoben worden, und diese Basis ist keine andere als die durch den Auferstandenen gegebene. Von ihm sagt Paulus im Eingang des Römerbriefs, „er wurde eingesetzt zum Gottessohn mit Macht durch die Auferstehung von den Toten". Demnach wurde er durch seine Auferstehung in ein transkreatürliches Verhältnis zu Gott aufgenommen; und das strahlt jetzt zurück bis auf den Anfang der Welt und hebt die Welt in einen neuen Kontext.

H: Was den Anfang und den Gang der Welt betrifft, ist es die traditionelle Vorstellung, daß da irgendwann irgendetwas begonnen hat. Durch die Sünde wird dann die Inkarnation notwendig, die im Tode Jesu in die Auferstehung einmündet. Nach Ihren Ausführungen kann man also die Schöpfung und den Gang der Welt nur von der Auferstehung Jesu her theologisch angemessen denken. Oder habe ich Sie falsch verstanden?

B: Nein, nein, das ist vollkommen richtig, wir haben natürlich unser endliches Weltverständnis, und dazu gehört auch unsere Zeitvorstellung. Wir können uns den Gang der Dinge nur im Nacheinander vorstellen. Für Gott ereignet sich das alles in einem Augenblick; wir müssen uns also unsere Zeitkategorien aus dem Kopf schlagen, wenn wir uns wenigstens annähernd die göttliche Perspektive vergegenwärtigen wollen; Paulus spricht ausdrücklich von einer Neubegründung der Schöpfung durch die Auferstehung Jesu Christi.

H: Damit erscheint alles in einem völlig anderen Licht. Auch die naturwissenschaftlichen Erkenntnisse, wie etwa die Evolution, müssen aus dieser Sicht theologisch neu gewertet und interpretiert werden. Es kann ja zwischen Naturwissenschaft und Theologie keine doppelte Wahrheit geben.

B: Sie haben gerade von der in den Naturwissenschaften vorherrschenden Evolutionsvorstellung gesprochen. Etwas Analoges findet sich aber bereits bei Paulus: Im 8. Kapitel des Römerbriefs begreift er das Weltgeschehen als einen evolutionären Prozeß, der in Geburtswehen aus der Not der Vergänglichkeit in die Freiheit der Gotteskinder führt. Das könnte man sogar mit *Hegel* in Zusammenhang bringen, bei dem der Sinn der Weltgeschichte im Fortschritt im Bewußtsein der Freiheit besteht. Entsprechendes sagt schon Paulus, wenn er die Welt aus Wehen und Nöten auf das Ziel der Freiheit der Gotteskinder zustreben sieht.

H: Damit wären wir bei dem zweiten Punkt, der in diesem neuen Licht behandelt werden soll, nämlich dem Menschen.

B: Selbstverständlich ist der Mensch zentral betroffen; doch von ihm gilt nichts anderes als das, was wir von der Welt gesagt haben. Auch er wird durch den Glauben an die Auferstehung in ein transkreatürliches Verhältnis zu Gott aufgenommen. Das heißt natürlich nicht, daß er den Tod nicht zu erleiden braucht, wohl aber heißt es, daß er den Tod bereits hinter sich hat. Es macht ja einen gewaltigen Unterschied, ob einer von seinem Tod annimmt, daß er sterbend in ein bodenloses Nichts versinkt und von ihm nichts übrigbleibt, oder ob er weiß, daß er im Tod aufgehoben wird, und zwar dorthin aufgehoben, wohin der Auferstandene vorangegangen ist: in die Lebensfülle Gottes. In diesem Sinn hat der Mensch, der an die Auferstehung glaubt, den Tod bereits hinter sich. Das schlägt dann aber auch auf das Leben dieses Menschen durch. Er erlangt durch die Auferstehung neue Seinsmöglichkeiten. *Sigmund Freud* hat von einem Prothesengott gesprochen, der durch die technischen Errungenschaften unserer Zeit entstehe. Der christliche Gegenbegriff dazu ist die Gotteskindschaft. Dem zum Gotteskind gewordenen Menschen wachsen Flügel zu; er vermag Dinge, die er sich zuvor nicht hätte träumen lassen. Er verfügt über die Möglichkeit, von seinen Fähigkeiten einen neuen Gebrauch zu machen. Und er kommt in alledem auf neue Weise zu sich selbst.

H: Daraus erwächst die Überzeugung, daß der Mensch in der Sicht des Christentums nicht nach seinem Sinn suchen muß, er ist ihm grundsätzlich zugesprochen. Dadurch wird er frei für seine Aufgaben in der Welt, für die Probleme, die auf ihn zukommen, und die er im Vollzug christlicher Existenz bewältigen muß. Damit kommt der dritte Komplex in den Blick: Inwiefern fällt das alles unter die Kategorie „Erlösung“?

B: Dazu zunächst die Bemerkung, daß im Grunde das recht verstandene Christentum eine einzige Antwort auf die menschliche Sinnfrage ist, denn man kann nie genügend betonen, daß das Christentum im Gegensatz zu dem Anschein, in den es weithin geriet, keine Religion ist, die den Menschen in Zustände der Selbstentfremdung treibt, sondern die der „Güte- und Menschenfreundlichkeit Gottes“ verpflichtete Religion, die den Menschen im höchsten Sinne des Wortes zu sich und zum Sinn seines Lebens bringt. Denn das Christentum ist die Religion der Liebe. Wer sich geliebt weiß, dem stellt sich die Sinnfrage nicht mehr. Sie ist in seinem Glück buchstäblich erloschen. Doch damit stellt sich nun unumgänglich die von Ihnen aufgeworfene Frage nach der Erlösung.

Erlösung ist ein Grundbegriff des Christentums. Aber ich habe das Gefühl, daß er vielen zwar bekannt, aber nicht einsichtig ist. Das hängt mit etwas zusammen, was wir in unserer bisherigen Diskussion noch gar nicht angesprochen haben. Wir sprachen zwar von der glaubensgeschichtlichen Wende, in der wir uns befinden, aber daß dieser glaubensgeschichtlichen Wende auch eine Wende im ethischen Bewußtsein entspricht, hatten wir noch nicht angesprochen. Doch gerade das ist für unsere Frage wichtig, weil sich der traditionelle Erlösungsbegriff auf die Sünde und ihre Tilgung bezieht. Doch genau da liegt das Problem. Nach der Erkenntnis des englischen Orientalisten *Eric Robertson Dodds* hat sich in homerischer Zeit ein Umschwung im sittlichen Bewußtsein vollzogen. Die homerischen Helden haben noch kein eigentliches Schuldbewußtsein; wohl aber haben sie ein Schambewußtsein und fürchten nichts so sehr wie die Mißachtung durch die Öffentlichkeit. Durch die Tragiker kam es dann zum Umschwung von der Scham- zur Schuldkultur, die sich in der Folge durch das Judentum und Christentum immer tiefer in das Bewußtsein der Menschen eingeprägte. Jetzt aber erleben wir die Revision dieses Vorgangs; jetzt wird die Schuldkultur mehr und mehr von einer neuen Schamkultur abgelöst. Die Menschen machen sich nicht mehr viel daraus, das Sittengesetz verletzt zu haben, wohl aber daraus, bloßgestellt zu werden, wenn man sie auf frischer Tat ertappt.

Wenn das zutrifft, muß der Erlösungsbegriff neu bedacht werden; doch dieses neue Bedenken ist nichts anderes als die Rückkehr zu dem, was wir in den Paulusbriefen und in den ganzen Aussagen des Neuen Testamentes finden. Dort ist zwar auch die Rede von der Verzeihung der Schuld, aber es ist noch von etwas ganz anderem die Rede, nämlich von der Befreiung des Menschen. Der neutestamentliche Erlösungsbegriff ist ein emanzipatorischer, wie es im Kolosserbrief zum Ausdruck kommt: „Er hat uns der Gewalt der Finsternis entrissen und uns in das Reich seines geliebten Sohnes versetzt." Danach besteht die Erlösung in der Überwindung der Tendenzkräfte, die den Menschen niederzuzwingen suchen und nicht zu sich selber kommen lassen; Erlösung ist in diesem Sinne primär Befreiung; doch das ist nur die eine Perspektive. Erlösung hat auch mit der Heilung des Menschen zu tun, und darin besteht ihr therapeutischer Aspekt, der zum emanzipatorischen dazugehört.

H: Die gesamte Wirklichkeit – man darf nichts ausschließen – ist unter dem Gesichtspunkt der Auferstehung Jesu in ein völlig neues Licht gestellt. Ohne Übertreibung muß man zurückblickend kritisch feststellen, daß das traditionelle Verständnis des Christentums sicherlich nicht alle Dimensionen dieser Wirklichkeit gesehen und in seinem Glaubensbewußtsein realisiert hat.

B: Das kann man ohne weiteres so sagen, und es wird wohl niemanden überraschen, wenn ich hinzufüge: Das Christentum steckt noch immer in seinen Anfängen. Es war ja durch die Tatsache an sich selbst gehindert, daß in sämtlichen Konfessionen Gewalt geübt oder doch billigend hingenommen wurde. Gewalt ist aber der diametral entgegengesetzte Faktor zu dem, was Jesus, der Bote der Gewaltlosigkeit, gewollt hat. Solange Gewalt geübt und hingenommen wurde, konnte das Christentum nicht zu seiner Mitte vordringen. Deshalb meine These, daß das Christentum noch immer unterwegs ist zu sich selbst und daß seine Aufgabe primär darin besteht, seine wirklichen Qualitäten endlich zum Vorschein zu bringen, sie den Menschen bewußt werden zu lassen und daraus Konsequenzen für das Gesamtverhalten innerhalb und außerhalb der Kirche zu ziehen.

H: Wenn das zutrifft, dann können wir davon ausgehen, daß das Christentum und damit die Welt noch eine große Zukunft haben.

B: Das ist eine klare Konsequenz, der ich mich voll und ganz anschließe. Vielfach herrscht die Meinung in der Kirche, es geht langsam dem Ende entgegen; dann kommen auch noch jene verblendeten Unheilspropheten eines nahen Weltuntergangs, die schwachen Gemütern ein baldiges Zeitende einzureden suchen. Zweifellos ist das akkurate Gegenteil der Fall; denn das Christentum ist die Religion der Hoffnung und als solche die der Zukunft. Das muß gerade in einer Stunde der kollektiven Depression und überhandnehmender Lebensangst den Menschen vor Augen geführt werden.

H: Vielleicht hängt dieses Gefühl damit zusammen, daß eine bestimmte Epoche und eine bestimmte Ausdrucksgestalt des Christentums zu Ende gehen oder schon definitiv zu Ende sind. Das darf man natürlich nicht mit dem Christentum selbst identifizieren. Im Gegenteil, durch das Zerbrechen einer geschichtlich bedingten Gestalt des Christentums können Kräfte freiwerden, die geeignet und erforderlich sind, die Probleme der Gegenwart und der Zukunft aus christlichem Ursprung zu bewältigen.

3. Kirche, Mystik und Neue Theologie

H: Auf unsere bisherigen Gespräche rückblickend, ist mir ein eigenartiges Phänomen aufgefallen: Wir haben über zahllose Themen des Christentums, nicht zuletzt auch über die Mitte des Christentums, gesprochen, aber wir hatten nie die Kirche als solche zum Thema. Dabei kam mir der Gedanke: Vielleicht braucht es Kirche gar nicht. Nach dem, was Sie über das Verhältnis Gottes zum Menschen, zu dem Thema „Christus in uns" und „wir in Christus" und zu anderem ausgeführt haben, stellt sich doch ernsthaft die Frage: Hat dann Kirche, haben Ämter, haben Dogmen überhaupt noch eine Funktion im Ganzen des Vollzugs von Christsein?

B: Das ist natürlich ein massiver Einwurf gegen alles, was wir bis jetzt diskutiert haben, und das ist auch ein Vorbehalt, den die Kirche immer gegenüber der Mystik erhoben hat. Deswegen ist die Mystik auch nie voll zum Zug gekommen, weil man den Verdacht hatte, der Mystiker nehme das vorweg, was erst die Kirche zu bieten hat. In Wirklichkeit entstammt das einem Mißverständnis. Tatsächlich haben manche Mystiker die Neigung, sich in die Isolation zurückzuziehen, wo ihnen die Welt gestohlen bleiben kann. Doch das sind die Ausnahmen. Die wirkliche Mystik hat seit jeher eine soziale Komponente. Das kann man an großen Mystikern wie *Bernhard von Clairvaux* und *Dag Hammarskjöld* ablesen. Man kann sogar sagen, daß Mystik und Politik enger zusammenhängen, als gemeinhin angenommen wird. Echte Mystik ist nicht individualistisch, sondern gemeinschaftsbezogen. Das gilt erst recht von ihrem Verhältnis zur Kirche. Sie, die Kirche, ist die lebendige Rahmenbedingung, innerhalb deren ein gelebtes Christentum überhaupt erst möglich ist. Die Kirche bewahrt die Glaubensgemeinschaft davor, in eine Vielzahl widerstreitender Segmente auseinanderzufallen; sie garantiert ihre Einheit und ihren Zusammenhalt ebenso wie das Zusammenleben und die Kommunikation der in ihr Geeinten. Für Paulus ist sie sogar selbst ein mystisches Ereignis; deshalb nennt er sie den mystischen Leib Christi. Als solche entstammt sie wie alles, was zu ihr gehört, der Auferstehung Jesu. Diesen Zusammenhang bestätigt die Apostelgeschichte mit ihrer Schilderung des Pfingstereignisses. Auch Paulus bestätigt dies, wenn er unter den wichtigsten Osterzeugen außer Petrus und Jakobus die „fünfhundert Brüder" aufführt, die den Auferstandenen „auf einmal" gesehen haben, und damit nach Ansicht namhafter Exegeten auf das Pfingstereignis anspielt. Seinem Hinweis zufolge gab es ja neben den Ostererscheinungen vor Einzelnen auch kollektive Ostererlebnisse und unter diesen vor allem das Großerlebnis der Fünfhundert. Wenn man es nach dem oben Gesagten mit dem Pfingstereignis gleichsetzt, ist dabei zwar nicht von einer Erscheinung des Auferstandenen die Rede; wohl aber von einer kollektiven Ekstase, in der der Auferstandene als „lebendigmachender Geist" die Versammelten ergreift, belebt und inspiriert. Daraus ergibt sich eine überraschend neue Sicht der Kirche.

Wenn da am Pfingsttag feurige Zungen über die versammelte Glaubensgemeinde herabkommen, steht das doch in einer unverkennbaren inneren Beziehung zur lukanischen Verkündigungsszene. Dort erscheint der Engel als Bote Gottes vor Maria und spricht vom Geist, durch dessen Überschattung sie den Messias empfangen werde. Hier erscheint Maria im Verbund mit der ersten Glaubensgemeinde, und die feurigen Zungen sind im Grunde nichts anderes als das, was ihr bereits in der Verkündigungsszene zugesichert worden ist: „Der Heilige Geist wird über dich kommen und die Kraft des Höchsten wird dich überschatten." Beide Szenen stehen somit in einer durchgängigen Entsprechung, so daß von der einen auf die andere zurückgeschlossen werden kann. Das heißt für die Kirche, daß sie aus einem Akt der göttlichen Inspiration hervorgegangen ist. Die junge Glaubensgemeinde hat den Gottesgeist oder, deutlicher gesagt, den zum lebendigmachenden Geist gewordenen Auferstandenen in sich aufgenommen und empfangen. Er ist ihr Lebensprinzip geworden; er beschenkt sie mit seinen Gaben. Das zeigt sich daran, daß Petrus das Wort ergreift, an die Öffentlichkeit tritt und die große Pfingstpredigt hält, die den Menschen ins Herz schneidet: Das ist das Bild der vom Gottesgeist belebten und inspirierten Kirche!

H: So verstanden, ist Kirche primär ein inneres Ereignis der Glaubenserfahrung. Die äußeren, rechtlichen Strukturen sind zwar notwendig, aber sekundär, und sie müssen von dieser inneren Wirklichkeit getragen sein. Auf ein Weiteres ist in diesem Zusammenhang hinzuweisen. Wenn man im Alltag von Kirche spricht, denkt man an die Hierarchie, man identifiziert Kirche mit dem Klerus, die Laien stehen eher an der Peripherie. Nach Ihrer Theologie sind alle an Christus Glaubenden gleichberechtigte Subjekte in dieser Gemeinschaft. Alle haben ihre je eigenen Glaubenserfahrungen, und deshalb muß auch das Wort der Laien als Ausdruck des einen Glaubens für das Auffinden und die Formulierung der Wahrheit konstitutive Bedeutung haben.

B: Auf dieses mit aller Deutlichkeit abgegebene Votum des „Laien" kann der „Theologe" nur affirmativ antworten, indem er es akzeptiert. In der Kirche gibt es, wie mit aller Deutlichkeit gesagt werden muß, keine passiven Mitglieder. Zur Kirche gehören alle, angefangen vom Papst bis zum letzten Gläubigen an der untersten Basis. Die kirchliche Glaubensgemeinschaft umschließt alle. Es ist zweifellos so, wie Sie gesagt haben, daß die Kirche als ein großer, inspiratorisch bewegter Kommunikationsraum zu verstehen ist. Deswegen stellt sich jetzt die Frage, wie in der Kirche gesprochen werden muß, damit das auch wirklich gelebt werden kann. Da wird man nun mit dem Laien feststellen müssen: Wir kennen im Grunde nur eine einseitige Kanalisierung des Kommunikationsvorganges. Das Sagen hat die Spitze, während die Basis dazu angehalten ist, das, was die Spitze sagt, zu akzeptieren und sich dem gehorsam zu unterwerfen. Natürlich liegt dem die wichtigste Erkenntnis zugrunde, daß die Spitze für das Wort der Offenbarung zuständig ist. Ihre Aufgabe besteht darin, das Offenbarungswort, das Gott in Jesus Christus gesprochen hat, durch die Zeiten hindurch zu tragen, unverfälscht zu bewahren und gegen Irrtümer abzusichern. Deshalb hat die Kirche in diesem Sinne tatsächlich das Sagen.

Doch die Basis ist kein stummer Befehlsempfänger, sondern sie hat natürlich auch ihre Fragen, und zu einem lebendigen Kommunikationsprozeß, wie er auch zwischen uns beiden jetzt stattfindet, gehören nun einmal Frage und Gegenfrage, Aussage und Rezeption. Deswegen muß die Basis die Gelegenheit haben, ihre Bedenken, ihre Schwierigkeiten und Einwände zu artikulieren. Umgekehrt muß die Spitze darauf achten, daß sie von der Basis auch wirklich verstanden wird. In diesem Sinne muß sie auf die Fragen der Basis reagieren; denn nur so kommt der lebendige Kommunikationsprozeß zustande, der gerade auch für Paulus das Wesentliche im kirchlichen Leben ausmacht.

H: Wenn die Laien nur Fragen zu stellen haben, ist mir das zu wenig. Ich bin der Meinung, sie haben aufgrund ihrer Welterfahrung und ihrer Glaubenserfahrung auch inhaltlich beizutragen zu dem, was dann vom Lehramt als das Selbstverständnis des Christentums und damit als offiziell bindend vorgetragen wird.

B: Das ist ein noch kühneres Wort des Laien; trotzdem kann der Theologe wiederum nur affirmativ darauf antworten. Wir werden noch Gelegenheit haben, über die Rolle der Kunst in der Kirche nachzudenken. Der Künstler hat einen eigenen, genuinen Zugang zum Glaubensmysterium, und was für den Künstler gilt, gilt für jeden einfachen, schlichten Laien. Er hat seine eigene Glaubenserfahrung und die darf und soll er in diesen Disput – *Paul VI.* sprach vom „domesticum colloquium", vom „häuslichen Gespräch" innerhalb der Kirche – einbringen. Nur so kommt ein lebendiger Austausch von Spitze und Basis zustande.

H: In diesem Zusammenhang gilt es vielleicht doch noch, etwas tiefer über das Amt und dessen Verhältnis zum Charisma nachzudenken, das ja gerade bei Paulus eine außerordentlich große Rolle spielt.

B: Das ist ein wichtiger Hinweis. Bei Paulus sind Amt und Charisma im Grunde eine Einheit. Für ihn ist die Kirche zweifach strukturiert, einmal durch die Ämter, die es bei ihm ansatzweise schon gibt, die aber dann in der Paulusschule noch weit differenzierter dargestellt worden sind. Doch der Amtsinhaber hat nicht nur Ordnungsfunktion; vielmehr sollte er auch Geistträger sein. Deshalb gibt es bei Paulus neben den einzelnen Dienstleistungen auch die unterschiedlichen Charismen: das Charisma der Weisheit, das Charisma der Erkenntnis, das Charisma der Wundertat, das Charisma der Rede – sein Ideal bestünde darin, daß jeder Amtsträger auch Charismatiker wäre. Wenn das aufgrund der menschlichen Unzulänglichkeit unmöglich ist, soll er wenigstens auf die Charismatiker hören und sich deren Einsichten zu eigen machen.

H: Und im größeren Umfeld wäre jetzt noch einmal über die Liturgie und vor allem über das Gebet im Vollzug der Kirche als „corpus Christi mysticum", als mystischer Leib Christi, einiges zu sagen.

B: Das ist richtig, denn das Gebet ist die „Seele der Kirche". Die Kirche hat die große Aufgabe, die Nähe Gottes zu feiern und sie dann auch in ihrem spirituellen Vollzug immer wieder neu zu artikulieren. Das eine leistet die Liturgie; ihr zentrales Ereignis besteht in der Gegenwart Christi inmitten der Feiernden. Das andere vollzieht sich im Gebet. Das Gebet ist die mit dem Herzen gestellte Gottesfrage. Doch diese Frage wird im Gebet nicht nur, wie wir uns bereits klargemacht haben, beschwichtigt, sondern zugleich an den Glauben weitergereicht: Eine Frage sucht eine Antwort, und diese Antwort erhält der Beter erst, wenn er glaubt. Die Kirche aber, um die unser Gespräch kreist, ist der Lebensraum des Glaubens. Sie erweckt ihn durch das von ihr vermittelte Wort der Gottesoffenbarung. Sie belebt ihn durch den Dialog der in ihr Versammelten. Sie strukturiert ihn durch ihre Dogmen und Weisungen. Umgekehrt lebt sie aber auch selbst vom Glauben der in ihr Geeinten. Solange er lebendig ist, braucht sie keinen Gegner zu fürchten. Wenn er jedoch schwindet, ist ihr Rang als Weltreligion gefährdet.

H: Wenn ich auf meine Eingangsfrage zurückgreife, ob denn Kirche überhaupt noch nötig sei, dann ist diese Frage eindeutig beantwortet: Sie ist nötig, aber es ist auch nötig, über die konkrete Gestalt der Kirche im Lichte Ihrer Theologie neu nachzudenken.

4. Der „Begriff" des Christentums

H: Nachdem wir jetzt relativ ausführlich den Innenraum des Christentums bedacht haben, ist es naheliegend, daß wir das Ganze noch einmal auf den Begriff bringen und auf diese Weise von anderen Religionen abgrenzen. Natürlich wende ich sofort und gegen mich selbst ein: Wie will man das Christentum auf einen „Begriff" bringen, wenn es sich dabei um eine personal-relationale Wirklichkeit handelt, die man nie auf den Begriff bringen kann? Man kann sie nur beschreiben. Dieses Auf-den-Begriff-bringen-Wollen ist ja eines der großen Problemfelder in der abendländischen Entwicklung des Christentums. So wäre also jetzt vor allen Dingen zu zeigen, wie sich das Christentum von anderen Weltreligionen abgrenzen und zugleich selbst definieren kann.

B: Genau das ist die Tendenz, die man mit dem „Begriff" von Christentum verbindet: Unterscheidungsmerkmale zu finden, wie sich das Verhältnis des Christentums zu den übrigen Weltreligionen ausnimmt. Das gilt sowohl für die drei abrahamitischen Religionen, mit denen das Christentum eine ungemein spannungsreiche und blutige Geschichte durchlief, als auch für den Buddhismus, mit dem sich das Verhältnis weithin konfliktfrei gestaltete und dessen Meditationsformen eine große Faszination ausüben. Ganz anders der tragische Verlauf der Geschichte des Verhältnisses zu Judentum und Islam. Worin bestehen die theoretischen Gründe dieser so unterschiedlichen Geschichtsverläufe? Wenn ich zunächst das Verhältnis des Christentums mit dem Buddhismus ins Auge fasse, so ist es im Unterschied zu diesem keine asketische, sondern eine therapeutische Religion. Wenn ich den Unterschied zum Judentum ins Auge fasse, so ist es keine moralische, sondern eine mystische Religion. Und wenn ich den Unterschied zum Islam ins Auge fasse, so ist es keine primäre, sondern eine sekundäre Schriftreligion.

Wenn ich beim letzteren jetzt einsetzen darf, dann heißt das: Die neutestamentlichen Schriften, also die Heilige Schrift des Christentums, ist eine sekundäre Erscheinung; denn Jesus hat weder geschrieben noch irgend jemanden zum Schreiben beauftragt; vielmehr hat er seine Botschaft ausschließlich auf mündliche Weise an die Menschen herangetragen. Um so mehr stellt sich dann die Frage, wie das Christentum trotzdem dazu gekommen ist, sich zu einer Schriftreligion zu entwickeln und den Vorsprung aufzuholen, den die es umgebenden Kulturen, angefangen von der jüdischen bis hin zur griechischen und römischen Kultur mit ihren großartigen Dichtungen, ihm gegenüber besaßen. Im Vergleich damit begann die kleine Christengemeinde mit einer rein oralen Selbstdarstellung; sie setzte ausschließlich auf das gesprochene Wort. Erst nachträglich ist das Christentum zu einer Schriftreligion geworden und hat mit den großen Schriftkulturen gleichgezogen. Daraus ergibt sich ein neues Verständnis dessen, was das Neue Testament für die Christen bedeutet.

Wir haben ja in früheren Überlegungen schon deutlich gemacht, daß die Auferstehung Jesu der Kern allen christlichen Geschehens ist; das gilt im vollen Umfang auch für die Entstehung des Neuen Testamentes, denn dieses wäre nie zustande gekommen, wenn das Letzte in der Lebensgeschichte Jesu sein blutiger und entehrender Tod am Kreuz gewesen wäre. Kein vernünftiger Mensch wäre auf die Idee gekommen, den Gedanken, Lehren und Aktivitäten Jesu nachzugehen, da er durch diesen Tod gescheitert und sogar von Gott verflucht zu sein schien. Erst das Ereignis der Auferstehung rückte alles in eine völlig neue Perspektive: Nein, er war nicht gescheitert und erst recht nicht von Gott verflucht. Im Gegenteil: Gott hat ihn in seine Lebensfülle aufgenommen und hat ihn zum Gottessohn mit Macht eingesetzt, und dies mit der Folge, daß seine Lebensgeschichte in Erinnerung gerufen, erzählt und dokumentiert werden mußte. Das heißt, daß das Neue Testament insgesamt im Licht des Ostergeschehens steht, so daß im Evangelium die Geschichte Jesu zweifach erzählt wird: einmal biographisch, von der Geburt hin zu Tod und Auferstehung, und dann umgekehrt: von der Auferstehung zurück auf den Anfang hin. Einige Daten seiner Lebensgeschichte sind, bei Licht besehen, österliche Szenen, wie etwa die Jüngerberufung, obwohl diese von den Evangelisten am Anfang erzählt wird. Dasselbe gilt von der Verklärungsszene, wenn ich wenigstens noch diese eine ansprechen darf: Am Schluß des Matthäusevangeliums beruft Jesus die Jünger auf einen Berg; das ist nichts anderes als der hohe Berg, auf dem sich die Verklärung Jesu ereignet. So steht das Neue Testament insgesamt im Osterlicht. Es ist, wie der bereits erwähnte amerikanische Theologe *James M. Robinson* gesagt hat, das literarische Osterwunder. Das ist es, was uns vom Islam bei aller Nähe unterscheidet; denn der Islam ist der Prototyp einer primären Schriftreligion. Der Koran ist in der Nacht von Allah herabgesendet worden, und Muhammed, sein Empfänger, empfing in der Gestalt dieses Buches die Gedanken und Willensdekrete Allahs.

H: Wenn ich noch einmal kurz zurückgreifen darf: Alles, was Sie jetzt über das Neue Testament sagten, fassen Sie ja zusammen in Ihrer Grundthese, daß Christus das Interpretament für die Lektüre des Neuen Testamentes sein muß. In diesem Kontext ist zu fragen: Gibt es für den Islam ein vergleichbares Interpretament, oder ist und bleibt er an den Buchstaben gebunden?

B: Der Islam ist immer noch an den Buchstaben gebunden; dabei darf die Tatsache nicht übersehen werden, daß er im Vergleich zum Christentum eine um sechshundert Jahre jüngere Religion ist. Dem Islam fehlt die Zeit, in der das Christentum gelernt hat, seine Heilige Schrift differenziert zu verstehen. Es ist die Zeit der Aufklärung. Für viele Christen, aber auch für manche Theologen ist die Aufklärung immer noch eine Ausgeburt der Hölle. Der Aufklärung verdanken wir aber das moderne Schriftverständnis, insbesondere das Instrument der historisch-kritischen Methode, das erst auf der Basis der Aufklärung entwickelt worden ist. Aufgrund dieses Vorsprungs haben wir die Aufgabe, den Islam zu einer Art Aufklärung zu bewegen und ihm klarzumachen, daß die schöne Erzählung von der Entstehung des Korans als Legende zu gelten hat. Danach wurde der Koran in der „Nacht der Macht" dem Offenbarungsempfänger Muhammed übergeben, der auf Befehl Allahs auch dazu gebracht wurde, den heiligen Text zu lesen und zu verstehen. Die Aufgabe bestünde darin, dem Islam klar zu machen, daß der Koran ebenso wie das Neue Testament, bei aller religiösen Qualität, Menschenwerk ist. Dadurch käme der Islam zu einem neuen Selbstverständnis und in dessen Gefolge schließlich auch dazu, Dinge wie die Scharia in einem neuen Licht zu beurteilen.

H: Ganz allgemein gesagt, heißt das: Es kann keine Religion geben, die auf das Denken verzichten darf, weil der Mensch als denkendes Wesen von Gott gewollt und deshalb immer verpflichtet ist, denkend an alles heranzugehen. Da wäre dann die Frage, ob es vorstellbar ist, daß durch eine aufgeklärte Interpretation des Koran die negativen Aspekte im Gottesbild des Islam überwunden werden.

B: Das müßte das Ergebnis eines langwierigen Prozesses sein. Hier sehe ich eine gewaltige Aufgabe; wir müßten mit dem Islam – wenn ich so sagen darf – ein brüderliches Verhältnis aufnehmen und ihm zum besseren Selbstverständnis verhelfen; dann könnte möglicherweise auch das Gottesbild des Islam in dem von Ihnen angesprochenen Sinn korrigiert und auf seinen friedlichen Kern zurückgeführt werden.

Wir haben es jedoch nicht nur mit dem Islam, sondern auch mit dem Judentum zu tun. Im Hinblick darauf darf ich noch einmal auf meine These zurückkommen: Das Judentum ist eine genuin moralische, das Christentum eine mystische Religion. Das sollte heute mit aller Deutlichkeit herausgestellt werden: Das Christentum hat eine Moral, es ist keine Moral. Das Judentum hat seine Identität in der Gewißheit, von Gott mit seinem Gesetz beschenkt worden zu sein; daher ist es die Aufgabe jedes frommen Juden, Tag und Nacht über dieses Gesetz nachzudenken, um ihm immer neue Einsichten und Direktiven abzugewinnen. Das Christentum ist davon grundverschieden. Es hat zwar eine Moral, aber sein Schwerpunkt liegt in der Mystik. Und hier könnte man jetzt einsetzen und fragen: Worin besteht denn eigentlich der von uns vorhin erfragte „Begriff" des Christentums?

Um darauf antworten zu können, sollten wir nochmals den Buddhismus hinzunehmen; denn Buddha ist in gewisser Hinsicht die Kontrastfigur zu Jesus. Beide haben eine Korrektur des Menschen herbeizuführen gesucht: Buddha dadurch, daß er dem Menschen die Wissens-, die Geltungs-, die Besitz- und die Seinsgier abzugewöhnen suchte, um ihn ins Nirvana und damit in einen vollkommen friedfertigen Zustand zu versetzen. Jesus geht den entgegengesetzten Weg; er will den Menschen über seine konkrete Befindlichkeit und Verfallenheit hinausheben zu jenem neuen Standard des Seinkönnens, der mit der Gotteskindschaft, dem höchsten Werdeziel des Menschen, gemeint ist. Wenn ich nochmals den Gedanken *William Wredes* aufgreifen darf, dann besteht das ganze Wirken Jesu in dem fortgesetzten Versuch, den Menschen auf seinen eigenen Standard emporzuheben. Das heißt natürlich nicht, daß wir Engel werden, wohl aber heißt es, daß wir ungeachtet unserer Hinfälligkeit, unserer Versuchlichkeit und Sündhaftigkeit ans Herz Gottes gezogen sind. Das ist dann die Komponente, die im Gespräch mit dem Buddhismus in den angestrebten Begriff des Christentums eingetragen werden muß.

Wenn ich jetzt abschließend noch einmal auf Ihren Einwand zurückgreifen darf, so gibt es vom Christentum keinen Begriff, wie er im philosophischen Diskurs immer wieder gebildet wird. Es gibt nur die von uns, wenigstens ansatzweise, herausgestellten Komponenten, mit denen man das Bild des Christentums einkreisen, gleichzeitig aber auch abgrenzen kann. In letzter Hinsicht geht es bei diesem angestrebten Begriff des Christentums nicht um eine Definition, sondern um eine Einladung. Das Christentum will den Menschen für sich gewinnen, das Christentum will den Menschen in einer Weise ansprechen, daß er zu sich selber kommt. Daher hat der „Begriff" des Christentums nach meiner Überzeugung eigentlich nur den Sinn, daß sich der Mensch vom Christentum ergreifen lassen sollte und sich, wenn er zum vollen Verständnis seiner Situation gelangte, sogar ergreifen lassen muß.

H: Diese Ausführungen haben als Hintergrund die eine Grundüberzeugung, nämlich daß es um den Menschen in seiner personalen Identität geht. Vor allem die Abgrenzung gegenüber dem Buddhismus ist darin begründet.

B: Das ist ganz richtig; der Buddhismus hat den Menschen ins Nirvana versenkt, das Christentum hebt ihn in die Gemeinschaft mit Gott empor. Das ist der Unterschied, allerdings der Unterschied zweier Konzeptionen, die in ihrer Tendenz dasselbe wollen: eine friedvolle Welt.

5. Die neue Moral

H: Wenn es darum geht, das Christentum von anderen Religionen abzugrenzen, dann betonen Sie, Herr Kollege Biser, mit großem Nachdruck, daß das Christentum, etwa im Gegensatz zum Judentum, keine moralische Religion sei, sondern eine mystische Religion, die eine Moral hat. Da man aber diesen Gedanken nicht hinreichend berücksichtigt hat, bekam das Christentum im Laufe seiner Geschichte eine gewisse moralische Kopflastigkeit, die seinem Wesen nicht gemäß ist. Aber auch wenn man das so sieht, stellt sich die Frage: Wie steht es nun mit dem Bösen und mit der Moral im Christentum, und wie kommt der Christ unter einem anderen Gesichtspunkt mit all diesen Problemen zurecht, unter einem Gesichtspunkt, der sich aus Ihrer Neuen Theologie heraus entwickeln wird?

B: Das sind aber im Grunde zwei Fragen, und ich möchte zunächst auf die erste eingehen: Wie ist es denn zu diesem Fehlverständnis des Christentums gekommen, sich als eine moralische Religion aufzufassen, obwohl doch das Judentum dieses Privileg seit Jahrtausenden mit Recht für sich in Anspruch nimmt? Meine Antwort: Das Christentum ist in den Sog der Aufklärung geraten. Der führende Denker der Aufklärung, *Immanuel Kant,* hat die Religion nur noch innerhalb der Grenzen der bloßen Vernunft zugelassen. Die bloße Vernunft ist für Kant jedoch die praktische Vernunft, und das heißt: Religion gibt es, weil sie zuständig ist für die Moral der Menschen. Wenn man aber diese These, die, wie gesagt, von den Konfessionen einmütig akzeptiert worden ist, mit dem Verhalten Jesu vergleicht, dann sieht man einen eklatanten Unterschied: Jesus hat so gut wie nie von der privaten Sünde gesprochen. Er hat sich vielmehr ostentativ auf die Seite derjenigen gestellt, die von den Zeitgenossen als die „Zöllner und Sünder" bezeichnet und behandelt worden sind. Das sind die Menschen, die unter dem gelitten haben, was man die strukturelle Sünde zu nennen pflegt. Sie sind in unmögliche Lebensverhältnisse hineingeraten und sind dann bisweilen auch mit dem bürgerlichen Gesetz in Konflikt gekommen. Jesus hat es aber mehr mit der strukturellen als mit der privaten Sünde zu tun. Ihm ging es um einen Bewußtseinswandel und um die Beseitigung der umlaufenden Feindbilder und Wahnvorstellungen. So wollte er sein Volk davor bewahren, sich in das Abenteuer eines Kriegs gegen die Weltmacht Rom zu stürzen, von dem er wußte, daß an seinem Ende „kein Stein auf dem anderen" bleiben würde. Deshalb wollte er den Menschen ein neues Lebensziel vor Augen stellen; deshalb steht im Zentrum seiner Verkündigung die Botschaft vom kommenden Gottesreich. Soviel zu meiner These von der moralischen Kopflastigkeit im Verhältnis der Christen zu ihrer eigenen Religion.

Doch jetzt die zweite Frage: Wie verhält es sich mit dem Problem des Bösen? Auf dieses Problem ist vor allem Paulus eingegangen; aber er hat seiner dialektischen, manchmal auch widersprüchlichen Denkweise entsprechend zwei völlig konträre Antworten gegeben. Die eine steht im Römerbrief und lautet: „Der Tod ist der Sünde Sold.“ Wir müssen sterben, weil wir Adams Sünde ererbt haben und deshalb Sünder sind. Völlig übersehen wurde dabei die Tatsache, daß Paulus im Ersten Korintherbrief, und zwar an entscheidender Stelle, geradezu emphatisch das Gegenteil sagt: „Tod, wo ist dein Sieg, Tod, wo ist dein Stachel?“ Und dann die Zusatzbemerkung: „Der Stachel des Todes ist die Sünde.“ Das aber kann nur heißen: Der Tod stachelt uns zur Sünde und zum Bösen an, der Tod macht uns böse, denn es gibt eine Tatsache im Leben des Menschen, mit der er sich nie abfinden kann, das ist die Tatsache seines Sterbenmüssens. Deshalb gibt es auf den Tod ganz unterschiedliche Reaktionen: eine resignative, die sich dem Todesgedanken durch dessen Verdrängung zu entziehen sucht. Und darin hat es die heutige Gesellschaft zu einer wahren Meisterschaft gebracht. Dann aber eine zweite reaktive, die in der Tendenz besteht, andere mit in den eigenen Tod hineinzureißen; wenn das physisch nicht geht, dann wenigstens tendenziell. Am Schluß des Neuen Testaments heißt es: „Jeder der seinen Bruder haßt, ist ein Menschenmörder.“ Da wird ein Mensch tendenziell aus dem Lebensbereich ausgegrenzt und dadurch dem Tod übergeben. Niemand möchte allein sterben, er möchte möglichst viele in sein eigenes Unglück mithineinreißen. Darin kommt die Wurzel des Bösen zum Vorschein, wie sie Paulus im Gegenzug zu seiner ungleich bekannteren These aufdeckt.

H: Wenn nun an zwei so zentralen Punkten schon relativ früh im Christentum, genauer gesagt in der Kirche, eine Fehlentwicklung eingesetzt hat, dann muß man, um diese zu überwinden, nach dem Grund fragen: Warum ist es dazu gekommen? Und wir müssen den Mut haben, auch traditionskritisch zu sein, zu zeigen, daß es positive Traditionen gibt, aber auch negative, und zwar negative Traditionen, die bis an den Kern der christlichen Botschaft hinreichen. Worin kann also der Grund gelegen sein?

B: Ich kann Ihnen da nur zustimmen, Sie haben sich ja in Ihren Äußerungen mehrfach kritisch auf die theologische Interpretation bezogen. Was Sie jetzt sagen, ist ein neuer Gedanke, der sich nicht auf die theologische Auslegung des Glaubens, sondern auf den Gang der Tradition bezieht. Hier muß ebenfalls eine Revision einsetzen, denn wir müssen zusehen, wo sich Implikationen eingeschlichen haben, die der Botschaft Jesu widerstreiten. Dazu gehört vor allem der antike Dualismus. Es gab parallel zur Botschaft Jesu und zum jungen Christentum die Gnosis mit ihrem dualistischen Menschen- und Gottesbild. Der Mensch war ein Gemenge von Gut und Böse, die Materie war der böse Anteil, der Geist der lichtvollgute; beide lagen beständig im Kampf miteinander. Zwar wurde die Gnosis von den Kirchenvätern, allen voran von *Irenäus von Lyon*, energisch bekämpft. Doch hat sie sich subkutan in die christliche Tradition eingeschlichen, und so ist es dazu gekommen, daß das Leibliche, besonders auch das Sexuelle, abgewertet worden ist. Wie jeder Kenner der Kulturgeschichte weiß, ist diese Tendenz in der Folge sogar bewußtseinsbildend geworden. Deswegen muß hier – und darin kann ich Ihnen nur zustimmen – eine Traditionskritik einsetzen, die auf die Ausgrenzung dieser christentumsfeindlichen Implikate ausgeht.

H: Nach dem neusten Stand der Forschung war es spätestens *Thomas von Aquin* im dreizehnten Jahrhundert, der den neuplatonischen-augustinischen Dualismus klar erkannt und mit großer Entschiedenheit als zutiefst unchristlich verworfen hat. Und deswegen frage ich noch einmal weiter: Gibt es noch andere Gründe als faktische Einflüsse? Gibt es vielleicht Intentionen, die dazu beigetragen haben, diese nicht spezifisch christliche Sicht beizubehalten und in die Tradition hineinzuverlegen?

B: Diese Tendenzen gibt es ganz gewiß. Nun müßte man das komplizierte Gebilde der kirchlichen Macht ins Visier nehmen; denn Macht hat mit Unterdrückung zu tun, und unterdrückt werden können am leichtesten diejenigen, denen man ein schlechtes Gewissen beigebracht hat. Hier tut sich ein weites Feld auf, auf dem sich diese Traditionskritik fortsetzen muß. Jetzt aber ist für mich der Augenblick gekommen, wo wir uns auf die Alternative konzentrieren sollten. Denn im Zentrum meiner Vorstellung von einer neuen Moral steht vor allen Dingen der Gedanke, daß man das Böse nicht nur durch Gebote und Verbote, sondern auf dem dazu entgegengesetzten Weg überwinden kann.

H: Welcher Weg ist hier zu gehen?

B: Ich sehe diesen Weg am Ende des Römerbriefs des Apostels Paulus angezeigt. Paulus hat in seiner beständigen Auseinandersetzung mit dem Problem des Bösen an dieser Stelle sein letztes und wichtigstes Wort gesprochen. Der Textzusammenhang ist allerdings – wie nicht verschwiegen werden kann – durch den staatspolitischen Einschub gestört, der die Adressaten dazu aufruft, sich solidarisch zur Staatsmacht zu verhalten, die mit Recht das Schwert führt, um die Übeltäter zu bestrafen. Ich habe immer wieder betont: Wenn Paulus diesen Text geschrieben hätte, hätte er sich um Kopf und Kragen geschrieben, denn er vertrat bekanntlich eine vom römischen Staat verfolgte „religio illicita", eine „ungesetzliche Religion". Er hätte sich damit förmlich ans Messer geliefert. Diese Stelle muß als unpaulinisch aus dem Kontext herausgenommen werden. Wenn das geschieht, entsteht zwischen dem Ende des 12. und dem Anfang des 13. Kapitels ein geschlossener Zusammenhang, der in der Idee gipfelt, daß der Mensch wirksamer als durch Gebote und Verbote dadurch vom Bösen abgehalten werden kann, daß man ihm ein Prinzip einstiftet, das ihn zum Ansinnen, zum Wollen und zum Antun des Bösen unfähig macht. Es ist der Königsweg der Immunisierung gegen das Böse. Mein Kummer besteht darin, daß dieser Immunisierungsweg im kirchlichen Moralkonzept noch nicht einmal entdeckt, geschweige denn geltend gemacht worden ist. Man müßte wirklich das Wagnis eingehen und prüfen, ob der heutige Mensch nicht doch dafür ansprechbar ist, wenn man ihm klarmacht: Du bist von Gott geliebt, und Gottes Liebe ist sogar in dein Herz eingegossen. Wenn du dich auf dieses dir eingestiftete Prinzip zurückbeziehst, wirst du deinem Mitmenschen das Böse niemals mehr ansinnen und noch weniger antun können.

H: Eines ist klar: Die Gebote und Verbote haben die Menschen nicht besser gemacht. Es wäre deshalb naheliegend, die von Ihnen angesprochene Alternative zu vermitteln und auf ihre Realisierbarkeit zu überprüfen. Können Sie sich vorstellen, daß das eine wesentliche Änderung in unsere gesamte Weltsituation – denn darum geht es ja auch – hineintragen würde?

B: Das kann ich mir sehr wohl vorstellen; es ist allerdings an das gebunden, was im Hintergrund der ganzen Neuen Theologie steht, nämlich an die Entdeckung, daß Gott die bedingungs- und alternativelose Liebe ist. Vor diesem Hintergrund wird die neue Moral eine Chance haben, und es werden sich diejenigen, denen es um die Optimierung ihres Lebens zu tun ist, auf diesen Weg einlassen und werden erleben, daß sie dadurch viel besser mit den Problemen des Lebens zurechtkommen, als wenn sie sich auf dem alten Weg mühsam aus dem Bösen herauszukämpfen suchen.

H: Damit zeigt sich also auch auf dem Gebiet der Moral, daß das Christentum im Grunde genommen am Anfang seiner Wirksamkeit in der Welt steht.

B: Meine alte These, lieber Herr Heinzmann, denn für mich steckt das Christentum noch in den Kinderschuhen. Es kann ja gar nicht anders sein, denn solange Gewalt geübt oder auch nur billigend hingenommen worden ist, konnte der Kern des Evangeliums nicht entdeckt werden. Erst durch das Zweite Vatikanum, in dem sich die Christenheit von den Methoden der Gewalt verabschiedet und dem Dialog verschrieben hat, ist überhaupt die Chance entstanden, das Christentum von seiner Mitte her zu begreifen und geltend zu machen.

H: Wir wissen natürlich auch, daß ein Konzil eine lange und wechselhafte Wirkungsgeschichte hat.

B: Sehr richtig!

6. Die Kunst als Glaubenszeugnis

H: Es kann im Ernste nicht angezweifelt werden, daß das Abendland in seiner Kultur und in seiner Kunst ganz wesentlich von christlichen Gedanken und christlicher Lebenswirklichkeit geprägt wurde. Angesichts dieser Tatsache kann man fragen: Ist das zufällig, beiläufig geschehen, vielleicht sogar gegen das Wesen des Christentums, oder ist es eine wesentliche Ausdrucksgestalt des Christentums, so daß die Kunst hineingenommen werden kann und muß in den Prozeß der Verkündigung des Evangeliums? Im Laufe der Geschichte waren die Meinungen dazu unterschiedlich. Wie sieht diese Problemstellung unter dem Gesichtspunkt des Neuansatzes Ihrer Theologie aus?

B: Natürlich war das Christentum gegenüber der Kunst zunächst sehr reserviert. Das rührt vom alttestamentlichen Bilderverbot her, das sich nicht nur im Judentum, sondern vor allen Dingen auch im Islam durchgesetzt und von dort sogar zu verhängnisvollen Rückwirkungen auf die Christenheit geführt hat. Doch das Christentum hat mit diesem Bilderverbot grundsätzlich gebrochen, als Paulus Christus das „Ebenbild Gottes" nannte und als der Kolosserbrief diese Aussage mit großer Betonung wiederholte. Im Johannesevangelium, das in dieser Frage nachstößt, erklärt Jesus: „Wer mich gesehen hat, der hat auch den Vater gesehen." Das besiegelte den Bruch mit dem alttestamentlichen Bilderverbot. Außerdem hatte die junge Christenheit das Bedürfnis, sich mit Hilfe von Bildern ihres Glaubens zu versichern. In der Katakomben-Malerei sehen wir Darstellungen der drei Jünglinge im Feuerofen und des Jona, der aus dem Schlund des Walfischs hervorkommt. Mit Hilfe dieser Bildmotive hat sich die Christenheit angesichts der bedrückenden Verfolgungssituation auf das innerste Lebensprinzip ihres Glaubens, nämlich auf die Auferstehung Jesu, zurückbezogen; denn sie war mit diesen Symboldarstellungen gemeint.

H: Nun kommt sicherlich noch ein anderer Gesichtspunkt hinzu: Nach dem Verständnis der jüdisch-christlichen Tradition ist der Mensch ja eine letzte innere Einheit aus Geist und Materie, das heißt, es gibt im Menschen nichts rein Geistiges und auch nichts rein Materielles, beide Dimensionen sind jeweils von der anderen Komponente mitgeprägt. Das besagt aber:

Wenn der Mensch sich artikulieren und wenn er die Botschaft Jesu verkünden will, dann muß immer – auch wenn es nach außen hin nicht unmittelbar sichtbar ist – der ganze Mensch im Spiel sein, alle sinnlichen Wahrnehmungsmöglichkeiten des Menschen müssen angesprochen werden, wenn die Botschaft vernommen werden soll.

B: Diesen wichtigen Gedanken könnte man sogar schon bei der Sprache festmachen: Wenn wir sprechen, geschieht das nach allgemeiner Ansicht in Begriffen. Bei näherem Zusehen sind diese Begriffe jedoch stets mit bildhaften Vorstellungen verbunden. Eine Bestätigung dessen erbringt das Osterzeugnis des Apostels Paulus. Er geht zunächst davon aus, daß ihm in der Damaskusstunde das Geheimnis des Gottessohnes ins Herz gesprochen wurde. Dem fügt er dann aber hinzu, daß er zugleich das von der Gottherrlichkeit durchglänzte Antlitz des Auferstandenen gesehen habe. Hier kommt somit das bildhafte Element voll zum Tragen. Damit bestätigt sich – wie Sie ganz richtig gesagt haben –, daß der Mensch nicht nur als ein Wesen der Abstraktion, sondern ebenso auch als Sinnenwesen in Anschlag gebracht werden muß.

H: Damit stoßen wir erneut auf ein traditionskritisches Element. Das Christentum hat sich ja in die Lehre hineinentwickelt, und eine Lehre spricht immer nur den Intellekt an, alle anderen Dimensionen sind ausgeklammert. Vielleicht muß man auch in dieser Tatsache eine Ursache dafür sehen, weshalb das Christentum nicht mehr rezipiert wird.

B: Es kommt aber noch etwas Entscheidendes hinzu: Das Element des Bildhaften wird noch immer nicht in seiner vollen Wertigkeit begriffen, vor allem nicht als Glaubenszeugnis. Wir erleben ja im Augenblick eine bedenkliche seelsorgerliche Situation: Es gibt nur noch wenige, die sich beruflich oder aus persönlicher Initiative für die Vermittlung des Glaubens einsetzen. Wenn man aber davon ausgeht, daß in der Kunst ein ebenso reiches wie elaboriertes Glaubenszeugnis vorliegt, müßte man doch auf die Idee kommen, die Kunst nicht nur illustrativ, sondern operativ für die Sache des Glaubens einzusetzen und die Kunst als das uns längst schon vorgegebene Glaubenszeugnis an die Menschen heranzutragen.

H: Als Argument dagegen wird aber immer wieder ins Feld geführt, daß in der Kunst – zumal, wenn sie sich nicht auf ganz bestimmte Texte bezieht – die dogmatische Lehre nicht zum Ausdruck gebracht werden kann.

B: Das ist eine sehr gute Beobachtung! Denn der geniale Künstler verfügt über einen eigenen, intuitiven Zugriff auf das Mysterium. Das ist der innerste Kern der christlichen Kunst; und nur so kann es sich erklären, daß es Kunstwerke gibt, die sich tatsächlich über das, was in den Texten steht, erheben. Ich möchte ein einziges Beispiel anführen. *Raffael* hat als letztes seiner Werke die Verklärung Christi gemalt. Das Werk stand dann am Kopfende seiner Totenbahre. Da wird Christus zum ersten Mal schwebend dargestellt. Obwohl das im Text keineswegs vorgegeben ist, bringt das Werk auf höchst suggestive Weise zum Ausdruck, was dieser Text im Grunde sagen will. Außerdem hatte dieses Werk sogar eine sehtechnische Folgewirkung. Seitdem stellt nicht nur jeder Künstler Christus als schwebend auf dem Berg der Verklärung dar; vielmehr hat Raffaels Darstellung sogar unsere Sehweise geprägt und damit bewiesen, daß der große Künstler bisweilen sogar auf die Glaubensvorstellung einwirkt.

H: Das ist überzeugend, aber es handelt sich jetzt immer noch um ein Bild, das man zurückbeziehen kann auf einen Text, auf eine Aussage. Wie steht es jedoch mit dem Zeugnis der Musik? Sie sind ein begeisterter Verehrer von *Ludwig van Beethoven.* Könnten Sie dazu etwas sagen?

B: Die Musik ist zweifellos die Sprache, die trotz der so unterschiedlichen Idiome allgemein verstanden wird. Auch die Frage, wie sich die europäischen Kulturen verständigen können, wird vermutlich auf dem Boden der Musik vorentschieden. Bei *Beethoven* haben wir den bemerkenswerten Tatbestand, daß er nicht nur religiöse Musik geschaffen hat, sondern damit bewußtseinsbildend wirken wollte. Seine „Missa solemnis", die er selbst als das Hauptwerk seines gesamten Schaffens bezeichnete, geht, seiner erklärten Absicht zufolge, davon aus, in Hörenden und Singenden religiöse Gefühle zu erwecken und dauernd zu machen, etwas, was sich kein Prediger und kein Autor vornehmen kann. Doch damit bestätigt Beethoven, daß der Künstler tatsächlich einen eigenen Zugang zum religiösen Mysterium hat; und das kann man gerade bei der Missa solemnis auch wirklich erleben, wenn das „Et incarnatus est" im Credo dieser Messe wie eine mystische Rose aufblüht, oder wenn der Tenor, ganz fassungslos, das „Et homo factus est" intoniert. Das sind Äußerungen von einer Intensität, die tatsächlich die bewußtseinsbildende Effizienz der Kunst bestätigen. Deshalb müßte neben dem visuellen Zeugnis auch das musikalische für die Glaubensverkündigung eingesetzt werden.

H: Das wäre ja ganz im Sinne Ihrer These, daß das Christentum wesentlich eine mystische Religion ist, eine Religion der inneren Erfahrung. Aber vielleicht sollten wir noch einen dritten Aspekt erörtern: Wie steht es mit der Literatur, wo ja am deutlichsten und greifbarsten die Sache des Christentums artikuliert werden kann?

B: Gerade auch in der Literatur kann man zeigen, wie der religiöse

Künstler zu seinen Intuitionen gelangt. Viele literarische Werke beginnen mit einem visionären Erlebnis; das geht sogar bis in die Theologie- und Philosophiegeschichte hinein. Ich erinnere nur daran, daß *Anselm von Canterbury* seinen berühmten Gottesbeweis unter dem Eindruck eines visionären Erlebens entwickelt hat, daß *Nikolaus von Kues* davon spricht, daß er bei der Überfahrt von Konstantinopel nach Griechenland ein visionäres Erlebnis gehabt habe, aufgrund dessen er seine „Docta ignorantia" verfassen konnte. Und das gilt für *Dante*, der von einer wunderbaren Schau spricht, die es ihm ermöglichte, von seiner Geliebten Beatrice etwas zu sagen, was so noch nie von einer Frau gesagt worden ist. Und das geht durch die ganze Literaturgeschichte hindurch. In der religiösen Literatur bestätigt sich erst recht, was wir vorhin von den künstlerischen Zeugnissen gesagt haben: Sie basiert letztlich auf einer visionären Grundintuition, die dem Künstler ein schöpferisches Verhältnis zum religiösen Mysterium vermittelt und ihn dann Dinge darstellen läßt, die für manche, die das zum ersten Mal zu Gesicht bekommen, schockierend wirken mögen, die sich aber bei näherem Zusehen als Förderung des Glaubensbewußtseins erweisen.

Sie haben vorhin einige Namen genannt, ich füge den von *Gertrud von le Fort* hinzu. Ihr wichtigstes Werk, das „Schweißtuch der Veronika", ist zunächst schwer attackiert worden; heute sehen wir, daß das eine großartige und in die Tiefe der christlichen Mystik führende Dichtung ist. Ähnliches gilt von *Georges Bernanos*, ähnliches von *Werner Bergengruen*, um wenigstens einige Namen der sogenannten christlichen Dichtung zu nennen. Es gilt auch von anderen Werken, wenn ich zum Beispiel an *William Faulkners* „Legende" denke, in welcher die Leidensgeschichte Jesu in ein Ereignis des Ersten Weltkriegs transponiert wird. Ganz zu schweigen von dem, was die moderne Weltliteratur an dichterischen Vergegenwärtigungen der Lebensgeschichte Jesu bietet.

H: All das ist natürlich ein Beleg und ein Beweis dafür, daß die Glaubenserfahrung – auch die der Laien – eingehen muß in die Verkündigung der Kirche und daß von daher wesentliche Impulse hinzukommen, die vielleicht von anderer Seite überhaupt nicht erbracht werden können.

B: Ich erinnere mich dankbar an ein Wort meines Lehrers, des späteren Erzbischofs *Eugen Seiterich*, der betonte, daß zum unfehlbaren Glauben der Kirche auch der unfehlbar zustimmende Glaube des Kirchenvolkes gehört. Die Lehre bedarf der Unterbauung durch die Akzeptanz der ebenfalls unfehlbar Glaubenden. Beides bildet eine unzertrennliche Einheit. Deswegen müßte sich die Kirche immer wieder auf das Glaubensbewußtsein des Kirchenvolkes zurückbeziehen, so wie sich dieses umgekehrt an der Direktive des kirchlichen Lehramts orientieren muß.

H: Sie müßten es und sie sollten es in Zukunft tun.

B: Wir hoffen, dazu einen kleinen Beitrag geleistet zu haben.

7. Die Folgen für Mensch und Glaube

H: Wir haben, Herr Kollege Biser, in dieser Gesprächsreihe den Versuch gemacht, Ihre Neue Theologie vorzustellen. Dabei war zunächst das Entscheidende, daß Sie nicht an dieser oder jener Frage angesetzt haben, sondern daß Sie sich der Wurzel des Christentums zugewandt haben, nämlich Jesus Christus. Und von ihm aus haben Sie – wie aus einem einzigen Prinzip heraus – das Ganze der Theologie neu entwickelt. Nun gibt es einen alten philosophischen Grundsatz, wonach ein kleiner Fehler am Anfang am Ende zu sehr großen Fehlern führt. Wenn man die zweitausend Jahre der Geschichte der Kirche überblickt, muß man nüchtern zur Kenntnis nehmen, daß sich bereits in den Anfängen des Christentums nicht nur ein kleiner Fehler eingeschlichen hat, sondern daß gravierende Fehldeutungen das christliche Selbstverständnis verfremdet haben: Die entscheidende Botschaft Jesu, daß Gott ein vorbehaltlos liebender Vater ist, das, was das Christentum von anderen Religionen grundsätzlich unterscheidet, ist sehr bald verlorengegangen. Man fiel zurück in jenes Gottesbild, wonach Gott der Drohende und der Liebende ist, wonach also ein ambivalenter Gott den Menschen ständig bedrückt. Und nun wäre zu fragen: Wenn dort die Korrektur ansetzen muß, dann wird es sehr vieles geben in der Tradition und in der Auslegung des Christentums, was heute einer echten Revision, einer Überprüfung und Korrektur bedarf – manches wird man korrigieren können, es wird aber auch anderes geben, das einfach aus dem Christentum eliminiert werden muß. Worin sehen Sie die wichtigsten Punkte unter diesem Gesichtspunkt?

B: Ich möchte grundsätzlich zustimmen. Was nach meinem Verständnis bisher noch immer nicht mit voller Entschiedenheit geschehen ist, ist der Rückbezug der christlichen Botschaft auf die Gottesentdeckung Jesu; denn Jesus hätte doch überhaupt nicht zu kommen brauchen – das ist mein Grundsatz –, wenn er nur das geringfügig verbessert hätte, was die Menschheit immer schon von Gott gewußt hat. Wenn das unfaßliche Abenteuer der Menschwerdung sich wirklich gelohnt haben sollte, konnte dies nur darin bestehen, daß der vom Herzen Gottes herabgestiegene Offenbarer der Menschheit das mitteilte, was kein Philosoph auszudenken, was kein Mystiker zu erkunden, was kein Prophet auszusprechen vermochte, was also die Menschheit vollkommen überraschte. Die Menschheit war in dem von Ihnen angesprochenen ambivalenten Gottesbild befangen, weil sie sich den zwischen wenigen Lichtungen und viel Dunkelheit schwankenden Geschichtsverlauf nicht anders als im Rückbezug auf einen zwiespältigen, einmal helfenden, einmal tröstenden und alsdann unnachsichtig strafenden Gott erklären konnte. Die Christenheit ist aber offensichtlich – wie Sie ganz richtig gesagt haben – schon in den allerersten Anfängen wieder auf das zwiespältige Gottesbild der Vorzeit zurückgefallen. Man muß sich allerdings vergegenwärtigen, wie schwer dieser neue Gott Jesu Christi rezipierbar war. Denn er ist für alle die totale Überraschung. Er sagt über das Gottesverhältnis des Menschen etwas aus, was vorher nur im jüdischen Prophetismus, und auch da nur ansatzweise, so gesehen worden war. Daher kann es nicht verwundern, daß unter dem Druck der Verfolgung der Gedanke an einen rächenden und strafenden Gott, wie er von der Apokalypse dramatisch beschworen wurde, die Oberhand gewann.

Jetzt aber die Frage: Was muß sich ändern oder was muß gar fallen, wenn wir versuchen, zur zentralen Gottesentdeckung Jesu zurückzukehren? Zuallererst das Verhältnis des Menschen zu seinem Unglück. Man hat dem Menschen jahrhundertelang eingeredet: Wenn du krank wirst, wenn dich ein Unheil trifft, wenn du menschliche oder berufliche Mißerfolge hast, dann ist es eine Strafe Gottes. Doch der strafende Gott ist vom Unglücklichen denkbar weit entfernt, und der Unglückliche ist dann in einer radikalen Weise auf sich zurückgeworfen und allein gelassen. *Simone Weil*, die wir bereits erwähnten, hat gezeigt, daß das Gegenteil zutrifft: Gott stößt den Unglücklichen nicht von sich zurück, sondern neigt sich ihm vorzugsweise zu, so daß er von seiner Liebe besonders umfangen ist. Dadurch gewinnt er ein neues Verhältnis zu seinem Unglück und er begreift: Mein Leiden hat Sinn. Sinn erlebt der Mensch nämlich vor allem dort, wo er sich aufgehoben und geborgen fühlt. Und wo könnte er sich besser aufgehoben fühlen als in den Händen des liebenden Gottes? Das wäre also das Erste, was revidiert werden muß. Weg mit dieser alten Straftheologie! Sie ist Gottes unwürdig und sie verletzt den Menschen.

H: Und wiederum muß man die Frage nach der Intention stellen, die dahinter steht und dafür verantwortlich ist, daß das erst heute so klar und so deutlich ausgesprochen wird.

B: Ich würde noch einmal meine schon vorhin geäußerte These

wiederholen: Solange in den Kirchen Gewalt geübt oder doch billigend hingenommen worden ist, konnte das Zentrum nicht erschlossen werden; denn die Gewalt hat sich wie eine Decke über die Mitte des Evangeliums gelegt. Heute ist diese Decke, nach meiner tiefen Überzeugung, zumindest aufgerissen, und wir haben erstmals die Chance, ins Zentrum zurückzukehren.

H: Es gibt aber noch andere mögliche Einwände gegen Ihre so befreiende These: Wenn man im Neuen Testament über den Opfertod Jesu liest und wenn man dann in der Tradition der Theologie die Rede von der Satisfaktion hört, von der Genugtuung, die Jesus durch sein schreckliches Leiden seinem Vater bereitet hat oder sogar bereiten mußte, dann fragt man sich: Steckt es nicht doch im Kern des Christentums, was sich hier durchgesetzt und durchgehalten hat?

B: Es würde tatsächlich in seinem Kern stecken, wenn Jesus im Bewußtsein, einen Opfertod sterben zu müssen, seine Passion und seinen Kreuzestod auf sich genommen hätte. Aber das ist gerade nicht der Fall. Vielmehr gibt Jesus seinem Tod die authentische und als solche noch viel zu wenig wahrgenommene Deutung mit der Abendmahlsgeste: Er bricht das Brot, symbolisiert damit seinen grausamen Kreuzestod und sagt: „Nehmt hin und eßt, das bin ich für euch." Das ist nämlich die Grundbedeutung von „Das ist mein Leib". Das aber besagt: Er gibt sich in seinem Tod als individuelle Existenz auf, um als mystische Person bei allen und in allen zu sein. Damit gibt er aber seinem Kreuzestod eine völlig andere Deutung als die satisfaktorische. Wenn dagegen der Kreuzestod als Sühnetod und Satisfaktionsleistung ausgegeben wird, steht dahinter ein Gott, der sich selbst das abverlangt, was er dem Abraham ersparte. Dann wird man sich allerdings fragen müssen: Welche Genugtuung konnte er bei den Qualen seines Sohnes empfinden? Und was hatte all das mit der Sündenschuld der Welt zu tun, wie konnte diese Schuld durch die Qual des Gekreuzigten aufgearbeitet werden? Nein, das Kreuz ist keine satisfaktorische Leistung, es ist der krönende Liebesbeweis Christi. „Da er die Seinen liebte, liebte er sie bis zum Exzeß", heißt es zu Beginn des 13. Kapitels des Johannesevangeliums; und damit ist die authentische Deutung seiner Abendmahlsworte noch einmal in dieser wunderbaren Formulierung wiederholt. Sein Tod war der krönende Liebesbeweis, den er der Welt überhaupt geben konnte; mit seinem Tod hat er auf die erschütterndste Weise bestätigt, daß sein Gott der Gott der Liebe ist.

H: Damit tritt mit letzter Klarheit ins Bewußtsein, wie sehr Ihr theologischer Ansatz bei Jesus und seinem Gottesbild eine neue Perspektive eröffnet. Das geht – nach dem, was Sie gesagt haben – so weit, daß auch das Neue Testament von dieser Grundaussage Jesu her neu und kritisch gelesen werden muß. Daß von einer solchen kritischen Prüfung auch die Tradition und die kirchliche Lehrentwicklung betroffen sind, versteht sich von selbst. Das hat schwerwiegende Konsequenzen. Man denke nur an die unhaltbare Opfertodtheorie, die Sie überzeugend widerlegt haben. Von den innertheologischen Problemen abgesehen, müßten sämtliche liturgischen Bücher neu geschrieben werden.

B: Es ist nicht unbedingt notwendig; aber sie müßten neu gelesen werden, man müßte sich unter diesen alten Sätzen einen neuen Inhalt vorstellen. Ich möchte aber noch einmal auf das zurückkommen, was Sie soeben von einer Neulektüre des Neuen Testamentes gesagt haben. Ich halte es für ein fundamentalistisches Mißverständnis, wenn man das Neue Testament mit der Gottesoffenbarung gleichsetzt: Es ist der literarische Niederschlag der Offenbarung Gottes. Das ist aber etwas wesentlich anderes. Daß sich in diesem, aus einem komplizierten Überlieferungsprozeß hervorgegangenen Niederschlag, auch Mißverständnisse eingemischt haben, wer würde das bei der Lektüre des Neuen Testamentes nicht empfinden? Deswegen heißt meine Lösung des Problems: Die Gottesoffenbarung erfolgte nicht wie für das Judentum in einem Gesetz und nicht wie für den Islam in einem Buch, sondern in der leibhaftigen Erscheinung des menschgewordenen Gottessohnes. Er ist die leibhaftige Gotteserscheinung, Gottesmitteilung und Gottesoffenbarung. Dabei ergibt sich allerdings ein schweres Problem, über das wir uns bestimmt noch Gedanken machen müßten: Wie kann man eine Person interpretieren? Wie kann man sagen, was aus einem Gesicht herauszulesen ist, was uns in einer Gestik anspricht, was mit einer ganzen Lebenshaltung gesagt ist – eine neuartige Personalhermeneutik ist somit gefragt. Doch das müssen wir zurückstellen. Dagegen muß noch etwas anderes gesagt werden, was den Umgang mit dem Neuen Testament betrifft. Wenn sich herausstellen soll, was mit ihm wirklich gesagt ist, muß Jesus als leibhaftiges Interpretament an jeden Satz des Neuen Testamentes herangetragen werden. Wenn das geschieht, dann werden, wie ich schon wiederholt erwähnte, einige seiner Aussagen ihre Bedeutung verlieren und verblassen, und andere, die man überlesen hat, plötzlich zu leuchten beginnen. Das ist die Zukunftshermeneutik, der wir entgegengehen.

Damit ist aber auch schon eine letzte Revision ausgesprochen. Was endgültig fallen muß, wenn die Christen zu neuer Glaubensfreude finden sollen, ist die von allen Konfessionen praktizierte Angstpädagogik, von der die einen traumatisiert und die anderen begreiflicherweise abgestoßen sind. An ihre Stelle muß eine Atmosphäre der Ermutigung und des Vertrauens treten, weil das Christentum nur in ihr den Kampf um die Zukunft für sich entscheiden kann.

H: Nach der Grundintention Ihrer Theologie, lieber Herr Kollege Biser, wird das Christentum verstanden als die Antwort auf die Existenzsituation des Menschen. Und da der Mensch in einer geschichtlichen Weise Mensch ist, muß auch das Christentum in einer geschichtlichen Weise jeweils auf den Menschen und seine Situation antworten und ihm dadurch die Sinnzusage vermitteln.

B: Ganz richtig, das ist der Kern dieser Neuen Theologie. Das Christentum ist die unüberbietbare Beantwortung der Sinnfrage des Menschen. Ich würde es gerne noch etwas anders ausdrücken, denn das Christentum ist ja immer schon und immer wieder als eine Botschaft der Drohung und eine Botschaft der Kritik am Menschen empfunden worden. Meine These heißt: Das Christentum ist die größte Liebeserklärung Gottes an die Welt. Man muß sich nur vorstellen, was das für die Welt bedeutet, wenn ein liebender Gott sich ihr zuwendet. Dann kann diese Welt aufblühen, und der Mensch in dieser Welt kann aufatmen; dann kann er hoffen und dann kann er seines Lebens und vor allen Dingen seines Glaubens froh werden. Das ist das Ziel der Neuen Theologie oder, wenn Sie so wollen, der Theologie der Zukunft.

II. Richard Heinzmann: Vom System zur Lebenswirklichkeit. Der Grundgedanke der Theologie Eugen Bisers

„Ein Begriff hier weg, eine einzige Realität an dessen Stelle – und das ganze Christentum rollt ins Nichts.“ In diesem Satz aus dem „Antichrist“, die Schrift trägt den Untertitel „Fluch auf das Christentum“ (Kritische Studienausgabe Bd. 6, S. 212, Nr. 39), verdichtet sich die radikal destruktive Kritik von *Friedrich Nietzsche* am Christentum. Im Laufe der Geschichte sei, nicht zuletzt unter dem Einfluß platonisch-idealistischer Philosophie, nach und nach die christliche Wirklichkeit verschwunden; an ihre Stelle sei eine Lehre, ein bald mehr, bald weniger geschlossenes System von Begriffen und dogmatischen Fiktionen getreten. Das besondere Gewicht dieses Vorwurfs liegt darin, daß er sich nicht gegen irgendeinen Gegenstand des christlichen Glaubens richtet, er hat das Christentum schlechthin zum Ziel. In solcher Ausschließlichkeit war und ist dieser Vorwurf gewiß überzogen, man kann ihn aber nicht nur als böswillige Karikierung und haßerfüllte Verleumdung abtun. Noch heute hat er ein nicht zu unterschätzendes Maß an Berechtigung.

I.

Wie kein anderer Theologe hat Eugen Biser die darin gelegene Herausforderung aufgegriffen. Sein immenses philosophisch-theologisches Werk konvergiert – bei aller thematischen Vielfalt – letztlich in dem Bemühen, das Christentum von einem abstrakten und geschlossenen Lehrsystem zur konkreten Wirklichkeit und so zu seiner eigenen Identität zurückzuführen sowie dadurch den zentralen Angriff Nietzsches und der Religionskritik insgesamt ins Leere laufen zu lassen. In diesem Prozeß einer theologischen Neu- und Rückbesinnung sieht Biser – und das ist außerordentlich wichtig – in *Nietzsche* weniger den Gegner, den es einfach zu widerlegen gilt, als vielmehr den Dialogpartner, von dem er sich selbst als Christ in Frage stellen läßt (hierzu: Nietzsche – Zerstörer oder Erneuerer des Christentums?,

Darmstadt 2002), von dessen Einspruch her er Christsein neu zu verstehen und auszulegen sich bemüht.

Die Realität, von der *Nietzsche* behauptet und hofft, daß sie das erstarrte christliche System weltverneinender Jenseitigkeit und Ideologie zum Einsturz bringt, wird an der zitierten Stelle nicht genauer benannt, sie bleibt ambivalent. Letztlich zielt sie aber wohl beides an, die Lebenswirklichkeit des konkreten Menschen ebenso wie die Gestalt Jesu – nach der Überzeugung von *Nietzsche* des einzigen Christen, den es je gab.

An diesen beiden Realitäten setzen Philosophie und Theologie von Eugen Biser ein. Der konkrete, unter Lebensangst leidende Mensch in seiner säkularen Welt und die Lebensleistung Jesu mit der Verkündigung des bedingungslos liebenden Gottes nehmen in seinem Denken die Funktion der Brennpunkte einer Ellipse ein, auf die sich alles bezieht und die untereinander unaufhebbar verbunden sind.

In diesem Ansatz liegt nicht nur der hermeneutische Zugang zum Werk Eugen Bisers, sondern darüber hinaus eine das Ganze prägende Vorentscheidung. Biser denkt nicht im Horizont griechischer Philosophie mit der alles dominierenden Frage nach dem Wesen, nach dem Allgemeinen und den unveränderlichen Strukturen. Er fragt nicht nach dem Wesen des Christentums, sondern nach dem, was für christliche Wirklichkeit oder, genauer, für wirkliches Christsein wesentlich ist. Damit kommen die genuin jüdisch-christlichen Grundkategorien von Subjektivität und Personalität in den Blick, die allein geeignet sind, dem Einzelnen in seiner geschichtlichen Existenz gerecht zu werden.

Auf diesem Hintergrund ist Biser als Existentialphilosoph und „konkreter Theologe“ ein Denker des Christentums in doppeltem Sinne: Auf der Suche nach dessen Identität bemüht er sich nicht nur, Christsein neu zu verstehen und zu deuten, er tut das darüber hinaus in der spezifisch christlichen Denkform, in der nicht dem Allgemeinen, sondern der Singularität und Würde der Person der höchste Rang zukommt. Von Anfang an und durchgehend denkt Biser heilsgeschichtlich; noch nicht einmal die Frage nach Gott geht er rein philosophisch an.

Unter dieser Perspektive führt die Analyse menschlicher Existenz zu einer anderen und neuen Sicht. Nicht der Mensch als solcher, sondern der Mensch in seiner konkreten geschichtlichen Situation, in der die Frage nach dem eigenen Sinn und damit nach dem Sinn des Ganzen unbeantwortet bleibt, ist Gegenstand der Daseinsanalyse seiner „Modalanthropologie“ (Der Mensch – das uneingelöste Versprechen. Entwurf einer Modalanthropologie, Düsseldorf 1995), die primär nach dem „Wo“ des Menschen fragt, „nach seinem Aufenthalt, seinem Zuhause, dem Ort seiner Geborgenheit und Beheimatung“ (Ist der Mensch, was er sein kann? Eine anthropologische Reflexion, in: Stimmen der Zeit 199 [1981], 291–300, 292). Die „Unmöglichkeit des Menschseins heute“ (Menschsein in Anfechtung und Widerspruch, Düsseldorf 1980, S. 11 ff.) ist der methodische Leitgedanke.

Daß die Existenzanalyse so breiten Raum einnimmt, ist im Ansatz seiner Theologie begründet. Der Mensch ist der Adressat der Offenbarung, und deshalb führt der Weg zum rechten Verstehen der Selbsterschließung Gottes in Jesus über ein angemessenes Verständnis des Menschen. Der Adressat wird geradezu zum Schlüssel der Botschaft. Ohne daß Theologie zur Anthropologie verkürzt würde, gewinnt dadurch die empirische Dimension und damit die Realität an Bedeutung. Auch systematische Theologie kann nicht unter Ausblendung der Erfahrung und damit der konkreten, geschichtlichen Wirklichkeit nur deduktiv betrieben werden, wie das bis zum Zweiten Vatikanischen Konzil (1962–1965) überwiegend der Fall war. Der aposteriorisch-induktive Weg ist für christliche Theologie konstitutiv – eine Einsicht von größter Tragweite. In der Verkennung des Adressaten, in einem falschen, essentialistischen Menschenbild also, sieht Biser eine der gravierenden Verstörungen des heutigen Christentums.

Wenn es in der je eigenen Existenz keinen Anknüpfungspunkt gibt, bleibt jedes Wort, auch das Wort Gottes, äußerlich und verschlossen, es erreicht den Adressaten nicht. Der grundlegenden Einheit von Offenbarungstheologie und Anthropologie gilt deshalb die besondere Aufmerksamkeit der Hermeneutik von Eugen Biser. Daseinsanalyse und Verstehen von Offenbarung greifen ineinander. Die Motivation zu glauben hat ihren letzten Grund in der gebrochenen Existenz des Menschen und der darin aufbrechenden Frage nach dem Sinn, die in die Frage nach Gott einmündet. Offenbarung kann dann nur als helfende Antwort, als Sinnmitteilung Gottes, der sich selbst zu verstehen gibt, interpretiert werden. Ein solcher Zuspruch kann aber nicht als System von Wahrheiten, als „depositum fidei“, wie eine Nachricht vermittelt werden, er ereignet sich allein in der Erfahrung der Evidenz der Glaubwürdigkeit.

Aus dieser Grundstruktur des Glaubens wird einsichtig, daß Eugen Biser das Christentum mit Nachdruck als mystische Religion, im Sinne innerer Erfahrung, qualifiziert. Im Gegensatz zu der tatsächlichen moralischen Kopflastigkeit in der derzeitigen Selbstdarstellung der Kirche ist das Christentum, obwohl es eine moralische Mission hat, nicht als ursprünglich moralische Religion zu verstehen. Es geht ihm letztlich „nicht um die

Erziehung des Menschen, sondern um seine Erhebung zum Rang der Gotteskindschaft". Von seiner Mitte her ist das Christentum „eine mystische, auf die Lebensgemeinschaft mit dem Stifter gegründete und von seinem Fortleben in der Glaubensgemeinschaft bewegte Religion" (An der Schwelle zum dritten Jahrtausend – wird dem Christentum der Einzug gelingen?, Katholische Akademie Hamburg, 1996, S. 18). Ein anderes Unterscheidungskriterium hängt damit unmittelbar zusammen, die therapeutische Funktion des Glaubens, die Heilung des durch seine Todverfallenheit im Innersten bedrohten Menschen durch die im Glauben entgegenzunehmende Sinnzusage.

Den bleibenden Realitätsbezug garantiert schließlich die Tatsache, daß das Christentum keine primäre Schriftreligion ist. Alle Texte, auch die normativen, können und müssen immer wieder neu auf jene Wirklichkeit und Mitte hin gelesen und interpretiert werden, wovon sie Zeugnis geben. Weil das Neue Testament unter dem äußeren Druck der verlorenen Gleichzeitigkeit und der räumlichen Ausbreitung des Urchristentums entstanden ist, besteht diesen „Schriften gegenüber eine Freiheit, die so im Fall eines göttlichen Diktats undenkbar wäre. Es ist die Freiheit zum interpretierenden Umgang mit ihnen, wenn nicht sogar zu ihrer Umgestaltung und Neufassung, jedenfalls aber jene Freiheit, aus der die christliche Theologie hervorgegangen ist und lebt" (a. a. O., S. 9). In der hermeneutischen Gleichsetzung von Schrift und Offenbarung mit den darin liegenden fundamentalistischen Tendenzen und Gefahren sieht Eugen Biser deshalb einen weiteren Grund für die Krise des heutigen Christentums.

Aus dieser personal-existentiellen Grundstruktur des Glaubensaktes resultiert die von Biser geforderte und in ihren Ansätzen diagnostizierte Glaubenswende (Die glaubensgeschichtliche Wende. Eine Positionsbestimmung, Graz 1986; Glaubensprognose: Orientierung in postsäkularistischer Zeit, Graz 1991), in der im Glaubensvollzug an die Stelle des Gehorsams das Verstehen, an die Stelle des Bekenntnisses die Erfahrung und die Verantwortung an die Stelle der Leistung treten.

Wirklicher Glaube besteht nicht im Fürwahrhalten von Sätzen, er bezieht sich nicht auf Aussagen, sondern auf den lebendigen „Gott, der sich in der Person und Lebensgeschichte Jesu auf eine zugleich übersprachliche und alle sprachlichen Möglichkeiten umgreifende Weise zu verstehen gab" (An der Schwelle, S. 20). Aus dieser Perspektive entfaltet Biser seine „Christologie von innen" (Das Antlitz. Eine Christologie von innen, Düsseldorf 1999), wonach sich Glauben „als ein lebenslanges Gottverstehen" interpretieren läßt, „vermittelt durch den einzigen Mittler zwischen Gott und den

Menschen, Jesus Christus" (Hat der Glaube eine Zukunft? Das Christentum auf dem Weg in das 3. Jahrtausend, in: zur debatte. Themen der Katholischen Akademie in Bayern 25 [1995], 13–16, 13). Der alte augustinische Gedanke von Christus als dem inwendigen Lehrer wird von Biser in diesem Zusammenhang aufgegriffen und fruchtbar gemacht.

Der Neuentdeckung Jesu im Glaubensbewußtsein der Gegenwart – im Raum des Glaubens ebenso wie des Unglaubens – entspricht ein Umbruch „von einer Christologie der Autorität zu einer solchen der Solidarität und schließlich der Identität" (An der Schwelle, S. 15). Zwei herausragende Publikationen zu diesem Thema in unserem Jahrhundert bringen diesen Wandel der Sichtweise eindrucksvoll zu Bewußtsein. Während das bekannteste Werk von *Romano Guardini* den Titel „Der Herr" trägt, hat Eugen Biser seine Christologie „Der Helfer" (Der Helfer. Eine Vergegenwärtigung Jesu, München 1973) überschrieben. Dieser Perspektivenwechsel hinsichtlich der Christologie wird und muß sich als Korrekturkriterium für das Verständnis der Kirche und ihrer hierarchischen Struktur erweisen. In der wachsenden Entfremdung zwischen der Kirchenspitze und der Basis, die am Ende zu einem „vertikalen Schisma" führen könnte, sieht Biser eine strukturelle Verstörung, die dringend behoben werden muß.

Das Entscheidende und zugleich das Christentum von allen anderen vergleichbaren Religionen Unterscheidende ist sein spezifisches Verständnis Gottes, den Jesus als den bedingungslos liebenden Vater erfahren und verkündet hat. Damit ist die Gottesangst, die verheerendste aller Ängste, aus den Herzen der Menschen gerissen. Das bedeutet Befreiung und Erlösung in einem. Nach der Überzeugung von Eugen Biser bestätigte Jesus „in seiner Lehre und Wirksamkeit keineswegs das, was die Menschheit immer schon von Gott erwartete und befürchtete. Er kam vielmehr, um das in langen Jahrtausenden entwickelte Gottesbild als eine Projektion der menschlichen Lebens- und Geschichtserfahrung ins Gottesgeheimnis zu entlarven und den aus Sehnsucht und Angst gewobenen Schleier von diesem Geheimnis wegzuziehen. Das bewirkte er, indem er den Schatten des Angst- und Schreckenerregenden aus dem Gottesbild der Menschheit tilgte, indem er die Tiefen der Gottheit entsiegelte und zumal dadurch, daß er mit seiner ehrfürchtig-zärtlichen „Abba"-Anrede das Antlitz des bedingungslos liebenden Vaters zum Vorschein brachte. Damit erwies er sich als der größte Revolutionär der Religionsgeschichte" (E. Biser, Die Forderung der Stunde, in: zur debatte. Themen der Katholischen Akademie in Bayern, 27 [1997], 6–8, 7).

In dieser Botschaft Jesu ist das Denken von Eugen Biser unerschütterlich verankert; seine Theologie erwächst daraus wie mit innerer Notwendigkeit. Wenn die Verstörung des Menschen in seinem Selbstverhältnis die Folge einer zwischen Faszination und Drohung ambivalenten Gottesvorstellung ist, dann ist das Christentum, in dem Maße es zur Identität mit seinem Gottesbild gelangt, in der Tat die Antwort auf die aus der Existenznot erwachsende Frage nach einem letzten Sinn, weil die Identitätsfindung in Christus und mit ihm in Gott zugleich die Überwindung des Todes und aller Ängste einschließt.

Die Rückwendung von einer vergegenständlichten und auf ein abstraktes System gebrachten Glaubenslehre zur Wirklichkeit des Glaubens im dialogischen Vollzug stellt die Theologie hinsichtlich der Vermittlung ihrer Botschaft vor das Problem einer neuen Verhältnisbestimmung von Glauben und Sprache. Ein weiterer Schwerpunkt der theologischen Arbeit von Eugen Biser ist damit angesprochen. In weit ausholenden und tiefgreifenden Analysen und Reflexionen hat er die Sprachtheorie im allgemeinen und die Theologie der Sprache im besonderen vorangetrieben mit dem Ziel, die „Sprache der Offenbarung als die wahrhaft zeitgemäße zu erweisen“ (Theologische Sprachtheorie und Hermeneutik, München 1970, S. 568) sowie „religiöse Sprachbarrieren“ (Religiöse Sprachbarrieren. Aufbau einer Logaporetik, München 1970) abzubauen. An dieser Stelle muß an den Prediger Eugen Biser erinnert werden, der über diese Probleme nicht nur nachgedacht hat, sondern die dabei gewonnenen Einsichten unermüdlich und mit größter Zustimmung seiner zahllosen Hörer in die Praxis umsetzt.

II.

Das im strengen Sinne des Wortes Maßgebende und deshalb das Wichtigste dieser von Biser konsequent vollzogenen Wende vom System zur Lebenswirklichkeit ist die erneute, weitgehend verlorengegangene Zentrierung auf die Mitte des Evangeliums. Das bedeutet Relativierung in einem positiven und notwendigen Sinne und hat nichts mit Beliebigkeit zu tun, weder auf dogmatischem noch auf moralischem Gebiet. In erster Linie ist davon die Struktur des Lehrgebäudes betroffen. Das unter dem Anspruch des Wissenschaftsbegriffs griechischer Philosophie konzipierte idealistische Lehrsystem mit den ihm immanenten absoluten Geltungsansprüchen und Zwangsmechanismen gegenüber der geschichtlichen Wirklichkeit kann nicht weiter aufrechterhalten werden. Dieser wissenschaftstheoretische Bruch mit einer langen und ehrwürdigen Tradition wird in seiner

Auswirkung nicht auf den Bereich der Fachtheologie beschränkt bleiben. Das muß fast unumgänglich zu Irritationen führen. Wer gewohnt ist, die Glaubenssätze für den Gegenstand des Glaubens zu halten, wird sich zumindest anfänglich schwertun, die Differenz zwischen der Wirklichkeit und der Rede von der Wirklichkeit zu realisieren. Es ist der Schritt, so formuliert es Biser, von der Fassade am Dom des Glaubens in das Innere dieses Domes selbst. Es geht dabei nichts verloren, aber es erscheint alles in einem völlig neuen Licht, weil es ganz auf Gott zentriert ist. In diesem Licht wird vieles, was im Laufe der Geschichte der Vergegenständlichung in den Vordergrund drängte, seinen angemessenen Platz an der Peripherie erhalten und dadurch an Gewicht verlieren und die Mitte für das Eigentliche freimachen. Manches hochgespielte Problem, an dem man heute vielleicht meint, die Identität des Christentums festmachen zu müssen, wird gar als gegenstandslos verschwinden und dadurch die allein angemessene Lösung erfahren. Wenn das theologisch verantwortet geschieht, dann bedeutet das nicht Verlust an Tradition, sondern Abwerfen von im Laufe der Geschichte zugewachsenem, heterogenem Ballast. Aber auch ernsthafte theologische Probleme werden sich durch diese Innensicht neu und anders darstellen. Insbesondere wird sich zeigen, daß manche theologische Kontroverse mehr ein Streit um vorausgesetzte philosophische Konzeptionen und dadurch bedingte sprachliche Formulierungen war als ein Ringen um den Gegenstand selbst. Nicht zuletzt wird für das ökumenische Gespräch diese Innensicht der Mysterien des Glaubens über Formulierungen hinaus zur Sache selbst und dadurch leichter zu einem Konsens führen, denn Biser denkt nicht von der Differenz dogmatischer Formulierungen, sondern von dem Einheitsgrund christlicher Wirklichkeit her.

In diesem Zusammenhang notwendiger Selbstkorrektur christlicher Lehre nennt Biser an erster Stelle die sogenannte Satisfaktionstheorie, da sie geradezu sadistische Züge in das christliche Gottesbild einzeichne. Der Gedanke, daß Gott als Sühne den grausamen Tod des eigenen Sohnes fordere, damit ihm selbst Genugtuung für die Sünde und Schuld der Menschen geschehe, steht in diametralem Gegensatz zu dem Gott der Liebe, den Jesus verkündet hat, und verstärkt die Meinung, das Christentum sei eine auf den Opfergedanken gegründete asketische Religion. Dieses Theologumenon, das in popularisierter Form eine Überlegung des Mittelalters aufnahm, war einmal ein sozio-kulturell bedingter, schon lange aber überholter Versuch, Erlösung zu deuten, und hat entscheidend dazu beigetragen, die eigentliche Botschaft des Christentums zu verdunkeln. Diese wenigen Hinweise mögen genügen, um das Gemeinte zu veranschaulichen.

Wer die äußere Lehrgestalt der Kirche mit der Sache des Christentums identifiziert, dem mag das Lebenswerk von Eugen Biser wie ein Beitrag zur Destruktion des Christentums erscheinen; erste Stimmen in diesem Sinne sind bereits zu vernehmen. Solches braucht nicht weiter zu beunruhigen, es ist das Kennzeichen von Umbruchzeiten, wie ein Blick in die Theologiegeschichte lehrt.

Selbstverständlich steht Eugen Biser in der großen Tradition der abendländischen Theologie. Er kennt ihre Wege und Umwege ebenso wie ihre gelegentlichen Abwege. Stark beeinflußt von *Sören Kierkegaard*, hat er Impulse der Theologie unseres Jahrhunderts, vor allem des Zweiten Vatikanischen Konzils, aufgenommen; er hat sie in seinem Werk mit der ihm eigenen theologischen Kompetenz koordiniert und mit allen Konsequenzen in eigener Verantwortung zu Ende gedacht. Das macht den Rang seiner Theologie aus. Es ist wohl nicht zu hochgegriffen: Das Lebenswerk von Eugen Biser signalisiert eine epochale Wende in der abendländischen Theologie; es ist eine Wende zurück zum Ursprung und dadurch ein entscheidender Schritt in die Zukunft.

III.

Mit der Zukunft ist ein Aspekt seiner Theologie angesprochen, ohne den bei einer Würdigung von Eugen Biser Wesentliches fehlen würde. Seine zeitanalytisch-diagnostischen Untersuchungen führen mit großem Einfühlungsvermögen und schonungsloser Offenheit die Identitäts- und Sinnkrise des heutigen Menschen vor Augen, von der Kirche und Gesellschaft in gleicher Weise betroffen sind. Mit Nietzsches Wort vom „Geist der Schwere" charakterisiert er diese Atmosphäre mit ihren bedrückenden Ausprägungen und „verstörenden Entwicklungen: Die Fesselung der Freiheit durch verfügte Normen, die Verwandlung des Evangeliums in ein Gesetzbuch, die Vertauschung des Dialogs mit einer Sprache der Dekrete, die Funktionalisierung des Heilsgeschehens, die Verwechslung des religiösen Akts mit einer Leistung, die Meinung, daß das den Menschen schwer Ankommende gottgewollt und deshalb besonders verdienstlich sei, die Lähmung der Spontaneität und das Versiegen der Hoffnungsimpulse" (Glaubenserweckung. Das Christentum auf der Suche nach seiner Identität, in: Stimmen der Zeit 215 [1997], 171–182, 172). Diese Lähmung wird nach der Überzeugung von Biser nicht zuletzt dadurch verstärkt, daß man christlicherseits „durch die Suggestion spezifisch religiöser Ängste, insbesondere von Gewissens- und Bestrafungsängsten" (ebd.), Menschen zur

Annahme des Heilsangebotes bewegen zu können meinte. Dem stellt Biser überzeugend und mit größtem Nachdruck als Kern des Christentums dessen Angst überwindende und letzten Sinn stiftende Botschaft von Gott als dem vorbehaltlos liebenden Vater gegenüber und hebt damit eine Dimension des Christentums ins Bewußtsein, die lange Zeit verdeckt war.

Diese Einsicht greift über den christlichen Raum hinaus, es kommt ihr umfassende Bedeutung zu, da „die Krise des Christentums synchron mit der des Menschen verläuft, so daß sich in seiner Identitätsnot die menschliche spiegelt. Das aber läßt darauf hoffen, daß der Durchbruch des Christentums zu seiner Identitätsmitte dann auch zur Überwindung der menschlichen Identitätsnot verhelfen könnte. Daß diese Hoffnung nicht zu hoch greift, bestätigt die Paradoxie des Menschen, die darin besteht, daß er, ungeachtet seiner vielfältigen Bedingtheit, nur im Unbedingten sein Genüge findet, so daß Gott aus sich herausgehen und ihm im Doppelsinn des Ausdrucks sagen muß, 'wer er ist', wenn er zu seiner definitiven Identitäts- und Sinnfindung gelangen soll" (a.a.O., S. 173f.).

Das ist schließlich das Faszinierende am Denken und Werk Eugen Bisers: Er vermittelt aus seinem Verständnis christlicher Wirklichkeit heraus den Menschen Hoffnung und Zuversicht auf dem Weg in die Zukunft.

Namenregister

Die Eugen Biser-Stiftung hat sich zum Ziel gesetzt, das theologische und philosophische Werk von Eugen Biser zu bewahren, zu erschließen und für die Zukunft fruchtbar zu machen. Dazu will dieses Buch einen Beitrag leisten.

Die Arbeit der Stiftung soll in alle Bereiche der Gesellschaft ausstrahlen. Sie wendet sich an jeden Einzelnen und will besonders auch jene erreichen, die in Politik und Wirtschaft, in Erziehung und Wissenschaft Verantwortung tragen.

Schwerpunkte der Stiftung sind:

- Erschließung und Weiterführung des Werkes von Eugen Biser und finanzielle Unterstützung von Forschungsprojekten zu seinem Werk und angrenzenden Problemfeldern,
- Förderung von Freiheit, Toleranz und Frieden in Staat und Gesellschaft und Stärkung der europäischen Kultur durch Rückbesinnung auf das Christentum und Wiederbelebung seiner prägenden Kraft für ein verantwortungsvolles Denken und Handeln,
- Unterstützung des Zusammenwachsens Europas durch das Wiederbewußtmachen seiner christlichen Wurzeln und Vermittlung der daraus folgenden Impulse für Kultur, Politik und Recht,
- Intensivierung des Dialoges unter den monotheistischen Religionen (Christentum, Islam, Judentum) und den verschiedenen Weltanschauungen zur Schaffung einer gemeinsamen Basis für das friedliche Zusammenleben der Völker, insbesondere der Völker Europas,

– Auseinandersetzung mit dem zunehmend vordringenden Atheismus durch Hinführung zu den Grundwerten des Christentums in deren fundamentaler Bedeutung für ein menschenwürdiges Zusammenleben in der Moderne,
– Förderung der innerchristlichen Ökumene und Suche nach gemeinsamen zukunftsweisenden Wegen.

Die Eugen Biser-Stiftung sucht diese Ziele auf vielfältige Weise zu realisieren, u. a. durch öffentliche Veranstaltungen, wissenschaftliche Studien und Publikationen. In den Gremien der Stiftung (Stiftungsrat, Vorstand, Kuratorium) sind Personen versammelt, die sich auf vielfältige Weise für die Ziele der Stiftung engagieren. Dem Stiftungsrat als dem zentralen Entscheidungsorgan gehören an: Prof. DDr. Dr. h.c. Eugen Biser, Prof. Dr. Richard Heinzmann, PD Dr. Martin Thurner, Prof. Dr. Gunther Wenz und Prof. Dr. Michael Wolffsohn. Schirmherr und Ehrenvorsitzender des Kuratoriums ist S. K. H. Franz von Bayern, Vorsitzender des Kuratoriums ist Prof. Dr. Paul Kirchhof.

Dr. Heiner Köster
Stellv. Vorsitzender des Kuratoriums

Eugen Biser-Stiftung, Pappenheimstraße 4, 80335 München
Tel. 089-18006811, Fax 089-18006816
www.eugen-biser-stiftung.de · info@eugen-biser-stiftung.de